U0532880

历史的钟摆

李菁 著

上海译文出版社

对中国做过多年扎实而刻苦研究的傅高义，赢得了"中国先生"的称号

2021年，历史学家周锡瑞获得"第六届世界中国学贡献奖"

出生于上海的学者
裴宜理

在北京大学读书时期的
葛兆光

葛兆光教授近几年的研究
更着重于"全球史下的中国"

台北永康街 17 巷 25 号家门口，
右起倬云、翼云、凌云（摄于 1953 年）

孙曼丽(左二)毕业留影,许倬云当时为台大历史系主任(摄于1965年)

孙曼丽、许倬云与石兴邦（左三）
在风陵渡考古发掘现场（摄于 1998 年）

推荐序

把学者的所思所想，传递给别人

1

李菁在撒马尔罕旅途中给我写信，让我给她的新书写一篇序文。我其实很犹豫，因为她对我的采访录也收在这本书里，这让我很难拿捏序文的分寸。

不过，看了书的部分内容之后，我又有些释然，因为除了较早过世的费正清，我和书中涉及的学者多少都有或近或远的交道。我和傅高义先生见过两面，特别在上海还有过一次较长时间的谈话。我和周锡瑞先生不仅很早就在北京见过面，他还在英文刊物上为我的《何为中国》英译本写过书评。我也给柯文先生的自传《走过两遍的路——我研究中国历史的旅程》中文版写过推荐词，说他能在几部著作中多方面为学界提供典范和方法。伊沛霞教授呢，大概二十多年前，我就给她的《剑桥插图中国史》(*The Cambridge Illustrated History of China*)中译本写过评论，说它不仅"扩充了历史记述的空间，也增添了历史阅读的兴趣"。我与许倬云先生就更加熟悉了，特别是十年前，他特意通过视频在哈佛大学费正清中国研究中心为我的《宅兹中国》一书举办的讨论会上讲话，此后不久我也应邀给他的《华夏论述》写过"解说"。至于裴宜理教授，我曾两度是她担任主任的哈佛燕京学社的邀访学者，至今我还清楚地记得2014年5月我和她在坎布里奇一家餐厅共进午餐时的谈话，她说到在安源和萍乡调查之难，这让我非常感慨。

2

李菁的这本书写的，其实就是一个有关中国研究的历史学者群体。这个群体中的成员色彩不同，风格各异，切入中国历史的角度和研究的问题也彼此参差。这正符合我的理念，也就是"一个历史，共同研究，多种理解"。

在李菁的书中，你可以看到费正清凭借"挖掘中国的更多史料档案，来创建一个更加全面的中国现代史观"，他的"冲击－回应"（impact-response）成为一种理解近代中国转型的典范。而柯文则恰恰从批判费正清这一模式开始，用"中国中心观"即"在中国发现历史"，把理解中国历史的方向掉了一个头。傅高义通过邓小平这个最高层的人物来理解当代中国，"研究过日本，又有社会学训练"曾经是他的一个知识背景。同样研究当代中国，裴宜理则更关注"民众反抗与底层政治，横跨政治学与历史学领域"。伊沛霞是古代中国史专家，她的《天下一人——宋徽宗传》《内闱：宋代妇女的婚姻和生活》和早期的《早期中华帝国的贵族家庭：博陵崔氏个案研究》是从女性、皇帝、贵族等不同层面，即书中所说的"于历史细微处"来理解传统中国的。同样从社会阶层和社会变迁的角度观察历史，周锡瑞却是从义和团、辛亥革命，甚至一个"叶"姓家族的历史来观察近代中国的，他强调研究"中国"必须注重"地方"，也注重"人"，因为"每个人的命运轨迹，背后都是波澜壮阔、风云变幻的大历史"。许倬云先生的专长在先秦社会史，他的《中国古代社会史论》《西周史》都是经典著作，最近他在美国看中国，又写了好些观察大历史的著作，他自己说，他是"从制度史转变到社会经济史、转变到文化史、转变成大历史"。而我呢，当然也喜欢中国大历史，不过和许先生不一样，我不仅是从思想、宗教和文化史进入大历史的，而且是从中国出发看中国史，也从中国出发看全球史。

虽然历史只有一个，中国也只有一个，但历史学者总是横看成岭，侧看成峰，在一个历史过程中看到不同的历史因果，因为他们有自己的观察角度，有自己的问题意识，有自己的分析立场。每一个历史学者都试图呈现自己的特别看法。在这本书有关费正清的那篇里，他有一句话让我特别感触，这就是"成为学术上独一无二的人"！好的历史学者忍受不了人云亦云，绝不可能鹦鹉学舌，他们各自有各自的中国认识，让他们笔下的中国史呈现出缤纷色彩，所以，他们才有"被访谈"或者"被记录"的价值。

3

说到"被访谈"或者"被记录"，看上去这些历史学者是主角，实际上提问、观察和记叙的人，才是最重要的。我接受过不少采访，对这一点深有感触。一个好的提问者或记录者，其问题和观察不仅可以让受访者愿意讲述自己学术研究的经验和感想，也许，还可以激活受访者新的思考、新的联想，甚至产生新的观点，更能让读者从"读其书"到"知其人"，洞察他们所处的时代。

李菁的访谈和叙述都很用心。在这部书中，你可以注意她特别讲述的一些关键的"点"，以及一些有趣的"事"。这些"点"有的涉及学术大势，这些"事"有的则关系到学者本人。比如，20世纪50年代费正清的东亚区域研究，"对美国获得更全球化、跨学科的视野，以及对外交政策产生的深远影响"，这是有关大历史的"点"；而60年代的社会思潮影响周锡瑞走向"社会史"，则是因为"我们对外交事务、国家领袖和知识精英等已经没有研究兴趣了，我们想要研究的是'人民'"，这是关于学者的"事"。又如，在伊沛霞最初进入中国学领域的时候，为什么驳倒魏复古（Karl A. Wittfogel，又译魏特夫）1957年出版的《东方专制论》"事关重大"？这应该也是美国的中国学史中一个有趣关节。再比如，成书三十多年后，柯文回顾自己的著作《在中国发现历史》，仍然觉得书名起得恰到好处，为什么？他说是因为"这是对黑格尔'中国没有历史'的观点最机智的反驳"。这话让我们进一步理解了这一学术观念的历史背景和思想渊源。李菁的记录中也提到裴宜理的父母曾经在中国传教、任教，都会说中国话，但她年少时从未记得父母用中文交流过，"因为父亲只会普通话，而母亲只会上海话"，这真是有趣的事。

历史学者也是普通人，只是他们从事的是历史知识的开掘与积累，具体说，是有关东亚和中国的历史知识的传播。好的学者都有一种使命感和责任心，我特别感动于书中柯文讲的那个故事。他说，费正清在60岁生日时，对学生们立下规矩，"不用回馈我，传递给别人"。

我想，李菁这本记录学者的书，初衷大概也就是把学者的所思所想，"传递给别人"。

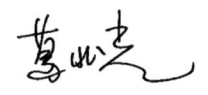

目 录

费正清：海外中国研究的"一代宗师"

少有大志 / 003

中国的"蜜月" / 007

哈佛的教学生涯 / 013

重返中国 / 015

东亚研究中心的兴建 / 018

"一个飘逝的梦" / 022

"新派中国学"之父 / 025

傅高义：一位"中国先生"的研究历程

结缘中国 / 031

研究中国 / 034

接班费正清 / 037

进入中国 / 039

二度出山 / 042

访谈 探寻邓小平，探寻现代中国 / 045

关注邓小平 / 046

十年磨一剑 / 051

工作方法 / 053

走近小平 / 056

"钢铁公司" / 058

思虑中国 / 061

"总经理" / 062

周锡瑞：以中国为方法
这么近，那么远 / 071

从哈佛学派出走 / 076

风云激荡的伯克利 / 078

接触中国 / 082

"第三代"的继承与超越 / 089

叶家的故事 / 095

伊沛霞：于历史细微处，理解中国
"大话题"的中国史 / 101

"越战代" / 104

"多变"的研究者 / 108

"天下一人"宋徽宗 / 112

解读中国 / 120

柯文：从中国发现历史
不易的选择自由 / 126

找寻真爱 / 129

意外的历史 / 130

"在中国发现历史" / 133

"中国中心观" / 136

君子之风 / 140

"在中国发现历史的中国热" / 143

"最具冒险性的著作" / 146

"我不需要标签" / 148

裴宜理：研究中国革命，如此复杂，如此迷人

革命炮火中的诞生 / 154

朦胧的中国 / 158

政治初意识 / 161

追寻中国革命的起源 / 164

重返中国 / 169

"革命的另一面" / 173

不能忘记"大问题" / 175

访谈 / 178

"我是一名政治学家" / 178

从淮北到上海 / 182

"慎言告别革命" / 187

"把亚洲研究带到西方" / 189

许倬云：我要从世界看中国，再从中国看世界

每个人的抱负，修己以安人 / 196

早期求学 / 200

眼光宏阔的芝大 / 204

中国古代三部曲 / 210

何为中国 / 221

做学术界的世界公民 / 237

葛兆光：历史的远处与当下的观照

全球史是彼此联系的历史 / 247

为什么讨论何为中国？ / 252

"在价值观上，我们正在变得越来越暧昧" / 256

"中国皇帝的四种权力" / 257

纵论中国思想 / 260

"启蒙仍未完成" / 268

仍处在晚清、民国学术的延长线上 / 274

"摇篮曲与盛世危言" / 277

后　记 / 280

参考书目 / 283

费正清
海外中国研究的"一代宗师"

在海外中国研究领域，"费正清"（John King Fairbank，约翰·金·费尔班克）是一个绕不开的名字。有人评价他"几乎是在二战之后单枪匹马地创造了现代中国研究的领域"。费正清一生写了约六十部专著，百余篇论文，还有数不清的演讲稿，被公认为美国的中国研究（中国学）的奠基人。他开创了美国的中国学研究，培养了一代又一代中国问题专家，为中美两国沟通、理解做了富有历史意义的工作，赢得了巨大的声誉。费正清编辑、撰写或者合著的大量著作涵盖了中国外交、制度史、传教史、共产党组织、军事史和对美外交政策的各个方面，我们可以肯定，这些研究即使在21世纪仍然具有相当的价值和可读性。

少有大志

1907年5月24日，美国中部南达科他州休伦镇（Huron）的一个中产阶级家庭，迎来了一个男婴的诞生。他们为这个小生命取名约翰·金·费尔班克——若干年后，他将以"费正清"这个地道的中文名字闻名于学术界。

费正清是家里的独子，父亲阿瑟·费尔班克是位律师，母亲罗莱娜早年曾在芝加哥大学就读，毕业后回到家乡做了律师。罗莱娜是美国大学妇女协会成员,毕生为争取妇女权利而工作,是位政治上相当活跃的人物。费正清后来在回忆录中说,他的成长受母亲的影响很大。"我之所以笃定地坚持进行关于中国的研究,正是源于她传递给我的两个信念:一个是面对挑战要有自信;另一个就是,哪怕在地平线上消失也要保有安全感。"

少年时期的费正清即展现出非凡的才智。他在中学就读时,感到课程"没有太多的挑战性",于是转学到教育条件更好的东部就读。1923年,费正清进入新罕布什尔州菲利普斯·埃克塞特学校(Phillips Exeter Academy)学习,这是一所高水平的大学预备学校。在这里,费正清依旧出类拔萃,因表现优秀而被推选为在毕业典礼上致辞的学生代表。1925年,他在一次征文比赛中获得了毕业季的英格兰夏日游,这是他生平第一次走出国门,大大拓展了视野,为此,他的照片还刊登在《纽约时报》上。他后来在回忆录里说,尽管自己"看上去像其他18岁的尚未成熟的年轻人一样",但"我确信自己会有所成就"。

高中毕业后,费正清先是在威斯康星大学读了两年,然后转学到哈佛大学。即便在这所"学霸"扎堆的学校,费正清依然出类拔萃。另外,和一般书斋中的学生不同,除了学业优异,他还展现了出色的活动能力和组织能力——他日后的成就很大一部分归功于此。这个心高气傲的年轻人确信自己将有所成就——"我行事追求卓越,但是我的事业必须是我自己创造的。"

不过,到费正清1927年秋进入哈佛大学读书时,他的未来似乎看不出与中国有任何关联的可能性,那时候哈佛大学几乎没有关于近代东亚的任何正规课程。一个偶然的机会,费正清认识了查尔斯·韦伯斯特(Charles Kingsley Webster),对方是英国著名的国际关系史学者,对政策制定有着浓厚的兴趣。他在来哈佛之前刚刚访问了中国和其他东亚国家,会见了当时的中国政要以及蒋廷黻等一批学者。他告诉费正清:一些中国的机密外交文献马上在北京准备出版,这将打开外交史上一个全新的研究领域。

"那时候,随着有关世界战争起源的研究论文越来越多地出现,对学者来说,外交史就像一块巨大的磁铁,吸引着人们去研究。"所以,当韦伯斯特建议他进行中国问题研究时,22岁的费正清也表现出浓厚兴趣。就其性格来说,在某个领域成为先驱者、"成为学术上独一无二的人"着实是有吸引力的,更何况研究中国本身也是一个令人兴奋的巨大挑战。想到自己未来的事业将与"中国"联系在一起,他感到无比兴奋。不懂中文,对费正清来说根本构不成挑战,因为"我习惯于不断挑战,扫除障碍,因此每隔两年就会进入一个全新的领域"。

1929年秋,费正清获得一笔奖学金,前往牛津大学贝利奥尔学院(Balliol College)攻读博士学位。实际上,这里也不比哈佛更"接近"中国。但费正清决定"采用迂回的方式探索中国问题"。

进入牛津大学不久,费正清就认识了对他的中国研究有重大影响的另一位人物——马士(Hosea Ballou Morse)。马士1855年生于美国,天资聪颖,敏而好学。1874年自哈佛大学毕业后,马士来到中国,在大清皇家海关总税务司署工作,后来成为总税务司赫德的得力干将,一直工作到1908年。

马士在中国海关工作长达三十年,见证了中国近代的变革沧桑,参加了中法战争的谈判、对外通商等重要外交活动,还协助李鸿章整顿过招商局。特殊的经历加上工作之便,让马士得以接触海关的许多一手资料和档案,这也为他研究、撰写中国近代历史与问题反思提供了坚实基础。马士退休后到英国生活,他原本想把赫德这位传奇人物的生平写下来,让人们通过他的事迹来了解中国近代风云。但赫德的家人不配合他的工作,不愿将赫德日记等重要资料拿出来供他参考。马士只好调整写作方向,最终写就了三卷本的《中华帝国对外关系史》(The International Relations of the Chinese Empire)。

实际上,费正清1929年秋天乘坐横渡大西洋的轮船前往英国时,就仔细阅读了韦伯斯特推荐的这套《中华帝国对外关系史》。到达伦敦后不久,在朋友的介绍下,他前去拜访住在伦敦郊区的马士。深居简出、专心著述的马士对这位年轻的来访者表现出很高的热情,一来这个年轻人与他有着同样的研究兴趣,二来二人是哈佛大学的校友。

费正清对"衣冠整洁而又机警的老绅士"马士也印象很好:"我觉得我找到了一位精神上的父亲,甚至可以说是精神上的祖父。"马士告诉费正清很多有关海关以及海关服务的中国的情况,对当时的费正清来说,这完全超出了他的接受能力。但他敏锐地意识到,通过英国外交部的信件来接近中国,将"特殊的中英机构——中国海关"作为研究中国的出发点,是一个特别的途径。

为了将来的中国研究,学习汉语势在必行。在牛津期间,费正清开始自学中文。"我开始了一项新的体验:仅仅根据它们的形状和结构,记忆部首和汉字。汉字优美的外形开始向我施展它们的魅力。"在费正清看来,要想研究好中国,不能只局限于西方的资料,更重要的是,要依靠中国本土的资源,所以他希望能脚踏实地地进入中国去生活。费正清向罗德奖学金委员会提出申请——通常,罗德奖学金不会考虑获得者去北京学习的可能性，但在费正清的一番游说下，他成为第一位赴远东地区的罗德奖学金学者——这也许是他在日后漫长的学术生涯中所展现的出色说服能力的开端。

到了1931年春天，这个雄心勃勃的年轻人对"中国问题专家"这个身份越来越自信。虽然之前对中国一无所知，但他还是以一种"初生牛犊不怕虎"的心态准备踏上去中国的旅程。"在我看来，要研究一种异文化，如果不到那个国家去生活，不了解那个国家的社会文化状况，那是不可思议的事情。"

中国的"蜜月"

1931年圣诞节，费正清搭乘"阿德勒号"，从热那亚出发前往上海——有意思的是，与他同行的英国朋友科特尼·扬的中文老师正是当时在伦敦大学东方学院任教的舒庆春（老舍）。此时的他对于未来的学术道路只有一些"模糊的设想"，更多的是被一种踌躇满志的情绪所激荡，因为他意识到自己将是"一名学术研究事业的开拓者"。

"阿德勒号"用了一个多月时间在海上穿行，于1932年年初穿过中国台湾海峡，两天后慢慢靠近海岸，来到一片棕色水域，人们看到了长江入海口低矮的海岸线。"突然，一支由四艘驱逐舰组成的日本海军舰队经过我们这里"，费正清注意到这是一支快速舰队，每艘军舰的尾部都有一面日本国旗——这里刚刚爆发了"一·二八"淞沪抗战。"当我们随着这几艘日本驱逐舰向北前行时，它们渐渐围成一圈，开始轮番炮轰吴淞炮台。"

在上海稍作停留后，费正清很快北上。"1932年冬天，我乘火车穿过褐色的平原来到北京，自建成至今已有五百年历史的城墙仍然有着震撼人心的冲击力。"见到北京的第一眼，费正清就承认自己被这座古都深深地折服了。

费正清的第一站是到"华北协和华语学校"（North China Union Language School）学习中文。位于东四北大街的协和华语学校，最早是由英国伦敦教会创办的传教士汉语培训学校。后来学校筹集到一笔款项，进行了扩建，也建立了完整的教学体系，很多有名的中国学者，包括梁启超、王国维、冯友兰、胡适、赵元任等都来此授课。据历史档案记载，该校共培养学生两千五百余人，其中不乏在某些领域颇有影响的人物，比如费正清、韦慕庭、史迪威将军，还有曾出任美国第二任驻华大使的恒安石（Arthur William Hummel）。费正清在这里接受了三年多的培训，能够比较熟练地阅读中文文献，同时口头表达能力也有了一定的提升。从后来提交的博士论文的参考书目中可以看出，费正清在北京期间阅读了大量中文文献，这使他比马士站得更高，也对近代中国历史看得更为全面。

费正清迅速融入北京"令人眼花缭乱的外国社交圈子"，认识了对他"最有吸引力"的欧文·拉铁摩尔（Owen Lattimore）。拉铁摩尔不但是著名的汉学家与蒙古学家，后期还担任过当时政要的政治顾问，他在中国的传奇经历吸引和鼓舞着费正清进入中国研究领域。更大的收获则是结识了当时中国文化界的一批名流。5月的一天，费正清被邀请到东兴楼饭庄，随后才发现与他同桌的这一群人当中，半数是中国问题研究领域的杰出人物——胡适、陶孟和、丁文江，等等，他们全都有留学西方的背景，说一口极其流利的英语。这让年轻的"留学生"格外兴奋，他在给家人的信里称胡适"是现代的伏尔泰"，又说"这次与中国学术界领袖的意想不到的接触让我受宠若惊，他们对我抱有很大的希望。我若不能被看作有前途的学者，这种希望便受之有愧。事实上，从那时起，我就自信地认为自己前途广阔，虽然目前一切都还没有实现"。费正清意识到："他们对我这个美国留学生如此客气，是由于他们认为无论中外，整个学术界是自由的，思想也是一致性的。"这次餐叙两周后，胡适主编的《独立评论》创刊号出版。从此费正清将其作为教科书来进行研究。

"中国"对年轻的费正清而言还有一个特别的意义——他到了北京不久，未婚妻威尔玛·坎农（Wilma Denio Cannon，费慰梅，研究中国艺术和建筑的美国学者）也从美国漂洋过海来到中国。1932年夏天，他们在西总布胡同21号的四合院里举办了一场简单的婚礼，从此在异域开始了一段前所未有的新鲜生活。费正清继续他的学术研究，威尔玛则沉浸于这块古老大地丰厚的自然及人文资源，四处考察、写生。费正清后来在回忆录里写道："作为一名画家，威尔玛更倾向于运用感觉印象。北京的景观、声音、味道等，都令她无比激动。她逐渐融入当地的风土人情，使我随着她也沉浸于幸福快乐之中。"威尔玛则用女性的细腻口吻描述这段生活："轻轻一踏就碎的碎石路面被缝隙中长出的杂草覆盖，一个门楼接着一个门楼的城墙延伸到远处，这里就像是专门为我们打造的漫步回廊，美丽而幽静。除此之外，还有一轮圆月挂在东方的夜空中，在远处的雷雨掠过平原，向北移去，伴随着强烈的闪电，西边的群山在城市以外延伸，成为一条黑暗的、引人注目的地平线。"

这段时间，费正清结识了早期对他帮助甚大的另一位人物——蒋廷黻。蒋廷黻早年留学美国，1923年获博士学位后回国任教，先后任南开大学、清华大学历史系教授。他是中国近代外交史研究的开创者，所著《中国近代史》（1938）和所编《近代中国外交史资料辑要》（1931）影响深远。与蒋廷黻结识后，费正清才知道"我一直在专业阅读的中国外交文献都是由他主持出版的"——而当时已经在学界绽放光芒的蒋廷黻只有36岁。蒋廷黻对近代中国历史研究的最大贡献在于首倡研究原始档案资料，而费正清是西方学者中率先使用中文档案进行中国近代史研究的，这固然得益于他良好的汉语能力，但更为重要的是他在北京期间受到的蒋廷黻的影响。他后来在回忆录里坦率地说："由于他的影响，我才知道自己以前过于自我专注，开拓性也极其有限。"

也是在蒋廷黻的帮助下，费正清人生第一次走上了讲坛——费正清到北京后不久，他在牛津的奖学金就到期停发。为解决生活费用问题，他曾两次申请哈佛燕京学社奖学金，但均告失败。1933年，这对年轻夫妇在北京已经生活了一年，积蓄也将用光。这时，蒋廷黻伸出了援助之手，安排费正清在清华大学历史系兼课，帮助他暂时渡过难关。从9月新学期开始，费正清一周三次讲授经济史。初涉讲坛的费正清感觉很不错："我讲课节奏很慢，发音清楚，强调重点，每句话都会重复两遍。"他还会绘声绘色地概述莎士比亚的作品或者当天的新闻，引得学生们成群地来听他的课。

费正清学术生涯的另一个"第一次"也与蒋廷黻有关——在北京期间，他在中国和英国文献资料基础上写的文章《1858年条约签订之前鸦片贸易的合法化》，发表在蒋廷黻负责的《独立评论》上，这是他的第一篇学术论文。1972年，在时任国务院总理周恩来的邀请下，费正清重返北京，在应邀演讲开场时提到了这段往事。费正清夫妇在北京的生活渐渐如鱼得水。第一次中国行的另一个重大成果是结识了最好的朋友梁思成、林徽因夫妇。"当时我们都不曾想过这段友谊日后会持续那么多年，但一开始彼此就互相深深吸引了。"费正清的夫人费慰梅后来回忆说。他们被梁、林二人的学问、人品、风度和谈吐所折服，自然地，他们成了林徽因"太太客厅"的常客，由此与这个国家的众多杰出知识分子有了交集，结识了哲学家金岳霖、政治学家钱端升，还有陶孟和、陈岱孙，以及物理学家周培源等。对年轻的费正清来说，与这些人的交往不仅仅是对北京生活的丰富和拓展，更是理解另一种文化的好的渠道。他后来在回忆录里说："通过他们的视角，我们开始看到中国文化的整合问题，问题的关键在于取其精华、去其糟粕，知道哪些应该保留下来，哪些应该借鉴国外。然而，两种文化的整合问题从未有人深入地理解与展开过。这是一种尚未开辟的双重文化领域，没有多少人曾如此深入、自发地去钻研，需要智慧、毅力和勇气。"

值得一提的是，后来在中文世界里如雷贯耳的名字"费正清"就是梁思成替他取的——这个名字的确取得高明，"正""清"既是他英文名的谐音，在中文里又是"正直、清廉"之意。梁思成告诉他："使用这样一个汉名，你真可算是一个中国人了。"威尔玛的中文名字"费慰梅"也是梁思成所取。

1934年夏天，他们邀请梁思成、林徽因夫妇一同去山西消夏。借此机会，梁思成、林徽因对中国现存最早期的建筑进行了一连串的实地考察。他们一日三餐都在一起，在空旷道路上的历险，这让四个人在艰难的环境中越来越贴近。他们四人经常高高兴兴地徒步或骑毛驴考察附近的寺庙，远一点的地方，就租传教士的汽车前往。费正清与费慰梅很快就熟悉了丈量等较简单的工作，梁思成拍照、记录，林徽因则从寺庙的石刻上抄录重要的碑文。费慰梅是西方第一位从事武梁祠研究的学者，也是中国营造社的成员，她对中国建筑文物考古的兴趣就是由梁思成夫妇启蒙的。

在赴中国之前，费正清有过四段学习经历，包括后期在哈佛和牛津各两年的学习。他后来总结说："这样的经历使我即使身处异国他乡的北京，也能够保持对学术方向的判断力。我坚定于既定的目标而心无旁骛，避免分散精力。"他非常清楚此次中国之行最重要的目的是进行可能关乎一生的学术研究，"我的部分工作就是挖掘中国的更多史料档案来创建一个更加全面的中国现代史观"。

1935年，是费正清与费慰梅在中国四年生活的高潮时期，但同时也接近此行的尾声，因为他必须返回牛津大学完成博士论文。此时费正清的内心被掺杂着内疚的复杂情感纠缠，因为他意识到，他的中国朋友们正生活在即将到来的战争的巨大阴影下，"离开北京学术舞台的时候，我们仿佛是从即将沉没的船上仓皇逃窜的老鼠"。

费正清的第一次中国之行历时四年，收获颇丰。后来他一语双关地称这是他在中国度过的"蜜月"——他是在古都北平走上了婚姻的红地毯，同时又是在中国确立了终生学术研究的方向。

哈佛的教学生涯

1935年年底，费正清向牛津大学贝利奥尔学院提交了题为《中国海关的起源：1850—1858》(*The Origin of the Chinese Maritime Customs Service, 1850-1858*) 的博士论文并顺利通过答辩。"在牛津的两年，费正清的研究有了相当进展，他利用自身优势，以中美外交和外交机构的历史作为突破口，充分利用了西文资料，对传统汉学是一个重大突破。"学者马勇评价说。"正是这样一次研究，导致了他对中国近代最为重大的关系的研究，即海外的冲击和国内的接受、回应，这成了理解整个中国历史的节奏。"学者刘东如此评价道。费正清后来在《中国：传统与变迁》这本书里说，整个中国在上演两台大戏，一是外国不断地侵华、签订条约，另一台就是中国内部——这就是后来被广泛认知的"冲击–回应模式"(impact-response model)。

1936年9月，拿到博士学位的费正清回到母校哈佛大学，任教于历史系，开始了正式的教学生涯。他后来回忆说，虽然自己是新人，但教的是"内容生动却被人忽略的问题"；另外，远东的局势也让中国成为持续报道的焦点，在整个美国引起兴趣，人们将了解东亚局势作为不可抗拒的认可。

年轻的教员费正清为了达到更好的教学效果颇花心思。"我认为历史学应该充满心理形象，包括地图、遗址、风景和人物，而不只是一张阶梯状的年代列表。"他把在中国拍摄的很多照片做成幻灯片，他认为这些视觉材料不仅可以生动地体现故事的真实性，而且可以使得一些论题更加形象化，"例如中国西北的黄土高坡，或是清朝一代代的皇帝在世袭的过程中发生的性格转变"。

也是在初期的教学中，费正清逐渐养成了维持终身的习惯。比如，他住的地方离办公室只有四分钟的路程，晚年他也得意于自己的"精明"："四十多年来，我为此节省的通勤时间，按照每天工作八小时来算，大概有半年时间。"因为家离学校很近，很方便与学生接触，费正清与夫人费慰梅会在每周四下午举办茶话会，后来形成了一个惯例。除去战争期间有五年外出，周四茶话会一直持续了整整三十三年，也影响了无数的学生。

值得一提的是，"青年教师"费正清的第一个学生，也是后来他最引以为傲的学生——著名记者白修德（Theodore Harold White）。当年白修德正是被初出茅庐的费正清的中国课程打动，才下决心开始学习中国历史的。"给泰迪讲课的感觉就像7月4日美国独立日的烟花，你只需要点燃一个念头，他的思路就会像火箭一样一飞冲天。"只比白修德大8岁的费正清与夫人费慰梅对白修德关怀备至，白修德对导师也终身怀有感激之情。他后来回忆说："他开发我的智力，整理我的思路。他不仅仅教我'中国研究'这门功课，还让我学会了思考。"白修德唯一的儿子大卫·费尔班克·怀特（David Fairbank White），中间名即取自费正清的英文名，可见白修德对费正清的感情之深。

白修德后来成为《时代》周刊驻中国记者，他对1942年河南大饥荒与中国抗战的报道都影响一时。白修德最终走上新闻道路，也与费正清干系颇大。在费正清眼里，比起走学术道路，这位弟子的"性格、欲望、自我表现，可能更适合当记者"。白修德启程前往中国时，随身带着费正清送给他的一台老旧的打字机和六封推荐信。

重返中国

1941年8月，在哈佛大学任教五年之久的费正清，以研究中国问题专家的身份，到华盛顿情报协调处（美国战略情报局前身）工作。太平洋战争爆发后，费正清被派往中国，担任美国战略情报局官员并兼美国国务院文化关系司对华关系处文官和美国驻华大使特别助理。因当时中国沿海已被日军控制，从美国到中国只能绕道印度。1942年8月21日，费正清从迈阿密启程，先沿着南美洲海岸，经停波多黎各、西班牙港、贝伦、累西腓，经过大西洋中部的阿森松岛（Ascensian Island），穿过非洲到埃及，然后横渡印度洋抵达印度，飞越著名的"驼峰"航线到达昆明，最后于9月25日飞抵重庆。

时隔七年再到中国，费正清很高兴地发现，当他用汉语时，他想用的字词都能随时涌出来，"就像从未离开过中国一样"。1942年9月26日，他在重庆见到了老朋友梁思成，"他激动地握着我的手足足有五分钟"。11月，费正清与陶孟和一道，搭乘小火轮沿长江逆流而上，经过四天的航行，到达了宜宾，然后又换乘一艘更小的火轮顺流而下来到李庄——当时，中央研究院、中央博物馆、金陵大学、同济大学等十多家国家级高等学府和研究机构纷纷迁驻于此。在李庄，费正清造访了梁成思与林徽因的家。他后来在回忆录里非常详细地描述道："林徽因非常瘦弱，但是目前看起来充满活力，和往常一样，考虑任何事情总比别人快一步。她每次吃饭都吃得很慢，饭后我们开始长时间地交谈，不过大多时候是林徽因在讲。晚上，5点半天就黑了，只能点上蜡烛或是菜油灯，8点半就是上床休息的时间。这里没有电话，倒是有一个唱片机，有几张贝多芬和莫扎特的唱片；有热水瓶，但没有咖啡；有许多件毛衣，但没几件合身的；有床单，但没有太多肥皂进行清洗；有钢笔和铅笔，但没有足够的纸张书写；有报纸，但总是过期的。"

费正清在李庄待了一个多星期，由于天气寒冷，大部分时间在床上度过。教授们的贫困状况让他吃惊。但是，"在如此恶劣的条件下，我被学者朋友们继续从事学术研究时所表现出的不屈不挠的精神深深感动"。他在回忆录里坦率地评价："依我设想，换作美国人，我想大家一定早已丢下书本转而去寻求如何改善生活条件了。"

费正清震惊于西南联大老朋友们的困窘，他下决心尽自己所能去帮助这些教授。根据费正清的回忆录，1943年8月，"我们通过私人渠道为西南联大的全体教员运来药物"；"威尔玛将药物以及贵重物品（钢笔、手表）源源不断地运送到美国驻昆明领事馆，再通过我们的邻居陈岱孙教授秘密地将它们以工资补贴的方式分发下去"。当时，一支美国派克钢笔的价值是相当可观的，生活急需时即可变卖为现金，补贴家用。为了帮助生活窘迫的联大学者，费正清还通过各种渠道向美国政府和社会各界大声疾呼，极力建议美国政府对中国的知识分子政策进行有限干预。到1943年年底，美国国务院文化关系司邀请六位教授前往美国，"在我的督促下，哈佛燕京学社为六位教授每人赞助1000美元"；在费正清的斡旋和推动下，从1943年到1947年，二十六位有声望的中国学者分四批受邀赴美，其中包括金岳霖、费孝通、陈序经、杨振声、林同济、陶孟和等人。

"1943年年底，我最大的收获就是结识了几位左翼新朋友。"这段时间，费正清在《时代》周刊驻华首席记者白修德的介绍下，认识了周恩来的新闻发言人,"一位聪颖而光彩照人的年轻女士"龚澎,并与她成为朋友。通过龚澎,他结识了周恩来、叶剑英等中共高层领导。1945年9月,费正清以美国情报协调局驻华新闻处处长的身份第三次来华,他与中共高层人士的往来也日益增多。在重庆谈判将要取得成果的时候,重庆中共代表团为答谢以费正清为首的美国新闻处,特地在当时最豪华的胜利酒店举办了盛大的鸡尾酒酒会。费正清回忆道:"晚宴分为两桌,周恩来坐在一桌,叶剑英将军坐在另一桌。大家都显得兴奋而充满活力。周恩来……唱起了歌,我们也跟着哼唱起来,叶剑英用筷子敲着桌子和玻璃杯伴奏,他们唱起了延安歌谣。互相敬了几次酒后,我们也唱起了美国内战时期的歌曲……周夫人(邓颖超)穿着长裤,十分朴素,却格外迷人。"二十七年后,当费正清再次应邀来到中国并与周恩来见面时,二人重提此事,都记忆犹新。

1946年6月4日,作为美国驻华大使馆新闻处处长的费正清和时为美国大使馆文化专员的妻子费慰梅一行,由北平乘专机抵达张家口。他后来回忆说:"我一直没法凭空编造出合适的理由去延安,因此,一周的张家口之行是我在中共地区仅有的一次露面。""我们拜访了最高长官聂荣臻将军,随后我与威尔玛一同在挤满热情洋溢年轻人的剧院作了演讲。"回过头看,20世纪40年代的这两次中国之行对费正清的思想和学术观点尤为重要,他对中国的一些朦胧印象上升为系统的知识。正如学者史景迁后来所评价:"通过他的战时游历,费正清带领我们清晰地、我相信也是坦诚地见证了他意识形态变化的过程:他渐渐成长为一个成熟的稍稍偏左的中间自由派人士,越来越不欣赏国民党,而对不太了解的共产党心存善意和好感。"

1946年7月,费正清离开上海,直到二十六年后才再次访问中国。

他后来写道:"我在中国的所谓'战后'9个月,实际上是一段内战爆发前的经历。事实上,从1943年开始我就认为在中国爆发一场革命是不可避免的。1945年至1946年,趋于崩溃的中国城市经济,以及国民党的腐败和对民众的压迫更加充分地证实了我的观点。""……我们的对华政策注定是要失败的,然而,美国公众并没有意识到这一点。"

东亚研究中心的兴建

二战结束后,费正清回到哈佛大学。重回校园的他立即投入两项工作中:一面继续教授中国历史,"一面开始大胆地评论对华政策"。1946年9月,费正清在美国著名的《大西洋月刊》杂志上发表了一篇反思美国政府对华政策的文章《我们在中国的机遇》。一个月后,他又在《纽约时报书评》(New York Times Book Review)上发表了对白修德所写的《中国的惊雷》(Thunder out of China)所作的评论,这是费正清"第二次公开讨论中国政策"。实际上,他明确地认为"美国不应该再以亲国民党的姿态介入中国事务"。"在中国,最终革命成为唯一的出路,而作为现存革命力量的化身,共产党成为其信仰者生活中类似衣食父母的偶像。"他还提议美国尽早准备与中国共产党达成协议。

不过,费正清还是将主要精力放在他中断五年的教学与研究工作上。这是他真正安身立命之所在。

从某种意义上说,费正清也恰逢其时地站在时代的潮流上。二战后,因为世界政治格局的变化以及冷战的开始,美国开展了大规模的区域研究项目,旨在深入了解全球各地区。这些研究机构通过语言学习、文化研究和社会科学方法,为政府和学术界提供深入了解各地区的知识和专业意见。区域研究项目帮助美国获得更全球化、跨学科的视野,对外交政策和决策产生了深远影响,其中哈佛大学在该领域扮演了重要角色。"不管叫什么名称,这是一个多学科的研究课题,更具体来说,就是通过社会科学的相关技术来研究世界某一地区。"

1946年8月,重回哈佛大学的费正清开始担任区域研究(中国)项目的第一任主持人。他后来回忆说,这是他在"战争结束后的真正挑战","也都是一边摸索一边开展相关的工作"。中国地区研究的研讨课每周上五次,每次两小时。虽然在起步时这个以中国研究为中心的团体规模并不大,但是当时二战刚刚结束,研讨班的大多数学生都有在太平洋地区、中国、菲律宾以及占领初期的日本工作的经验——日后成为著名历史学家的史华慈即是其中一员——他们将书本上的知识与战争期间的经历融合在一起,因而经常有大量令人兴奋的想法和思路涌现。

1948年7月,费正清出版了他的第一部对中美关系有重要影响的著作《美国与中国》(*The United States and China*)。著名历史学家史景迁后来评价说:"此书将中国的制度史、外交史结合起来,在试图从中国历史来理解现实的美国人中间引起了轰动,很快便声名鹊起。"之后若干年,该书不断修订、再版,影响甚远,也成为尼克松访华之前重点阅读的书籍之一。此后的六年,费正清一连出版了五部著作,以惊人的数量奠定了他在美国的中国研究领域首席学者的地位。

然而，随着战后国际形势的剧烈变幻，费正清的处境也一度变得微妙甚至有些尴尬。中华人民共和国成立之后，费正清建议美国政府正视现实，承认中华人民共和国并恢复其在联合国的合法席位。他的主张立即成为美国右翼势力攻击的目标。麦卡锡主义者称费正清为"中国共产党的长期辩护人"，谴责他的主张是为"红色中国"张目。不久，费正清被指控为对"失去中国"负有责任的"四个约翰"之一，受到美国官方审查。

躲过麦卡锡的狂飙之后，费正清为中美关系存在问题的严重程度"感到惊骇"。他意识到：在对待中国的问题上，办教育是应对麦卡锡主义的最佳方式，"我在所谓'失去中国'问题上遭受公开谴责，这促使我决定承担起教育美国公众的义务"。

让费正清感到欣慰的是，经历过麦卡锡主义之后的有关中国的学术研究，"并不像某些人猜测的那样士气低落，相反，这一领域正在不断地壮大，并充满了机会"。1955年，哈佛大学东亚研究中心正式成立。费正清成功游说了卡内基基金会、福特基金会为其提供了近百万美元的资助。有了充足的经费保障，东亚研究中心首年招收的东亚研究专业博士生便多达二十六名。学者沙青青总结说："在费正清担任首任所长的十八年间，东亚研究中心先后培养了二百余名学生与研究人员。至20世纪70年代，哈佛毕业的东亚研究学者几乎占据了全美七八十所主流大学的相关讲席，而所谓'哈佛学派'的名号也因此而传盛名于江湖。"

著名历史学家史景迁的导师芮玛丽即是费正清的嫡传弟子，用她的话来说，从20世纪40年代末到20世纪70年代末大约三十年的时间里，费正清是美国在中国历史研究领域中"独领风骚的大家"。除了费正清本人的著作,耶鲁大学芮玛丽的《中国保守主义的最后一战:同治中兴》、伯克利加利福尼亚大学列文森教授的《儒教及其现代的命运》和史华慈的《追求富强:严复与西方》都被视为"哈佛学派"的典型之作,在当时也非常有影响。正如沙青青所言,即便在今天,美国各大知名学府,要找出一所没有费正清"徒子徒孙"的学校,着实不易。

随着费正清在学术界地位的上升及影响力的扩大,一批非常优秀的青年学者加入中国研究学的队伍当中。笔者采访到的著名历史学家周锡瑞(Joseph W. Esherick)与柯文(Paul A. Cohen),即是其中两位代表人物。

周锡瑞是1960年到哈佛读书的。他回忆说,"费正清人长得高,很有权威感","他的课条理清晰,逻辑感很强";费正清开的东亚文明课程非常受学生欢迎——实际上,早在1939年,费正清就与赖肖尔(Edwin O. Reischauer,后出任美国驻日本大使)一起开设了这门课。费正清的开场白是:"同学们,这是东亚的稻田。"然后播放一张稻田的幻灯片,这门课后来被哈佛学生戏称为"稻田课"(Rice paddies)。周锡瑞就是被"稻田课"吸引而进入中国历史研究领域的。

随着费正清的影响力越来越大,他在20世纪30年代末开始建立的"费氏会客厅"也成了一个散发着学术与知识魅力的中心。50年代末进入哈佛大学读书的柯文回忆称,来的客人主要是在哈佛做中国研究的法国、日本等来自世界各地的学者,费正清的学生们也可以去跟他们聊聊天。费氏夫妇后来还增加了一项内容——每周五晚上,他们还会举办非正式的聚会,招待在中国生活过的人。埃德加·斯诺、欧文·拉铁摩尔和担任过美军观察组成员的范宣德(John Carter

Vincent）都曾是他们的座上宾。

费正清不仅是一名出色的历史学家，社会活动能力颇强的他更像是一个总指挥，打造着一个与中国有关的学术共同体。据柯文回忆，当年参与的这种"学术共同体"交流，"让我们这些学生有这样一种感觉：我们不仅是学习中国历史，在某种意义上也成为文化的一部分，它让我们感到我们所做的事情真的很重要"。

1968年，费正清出任第83届美国历史学会会长。在就职演讲时，费正清强调"任何研究都应当有实际效用"。在费正清看来，任何学术研究不应只是象牙塔里的"智慧游戏"，"学者的责任不仅是增加知识，而且在于教育公众，影响政策；要让学术走出学术，必须发挥经世致用的功能"。实际上，自20世纪60年代后，哈佛东亚历史中心以及费正清本人的影响力已不再局限于学界，而开始对美国对外政策产生实际影响。

1977年，费正清正式退休。为了纪念他的杰出贡献，哈佛大学东亚研究中心更名为"费正清东亚研究中心"。在更名仪式上，为新的研究中心揭开牌匾的正是他最欣赏的学生白修德。

"一个飘逝的梦"

早在1966年参议员外交委员会的听证会上，费正清就主张美国应该采取迂回方式改善对华关系，先默许其他国家与中国交往，继而允许吸纳中国参与各类国家组织乃至联合国，从而达到"让北京领导层融入国际秩序"之目的。

1968年，尼克松当选美国总统后，开始希望恢复中美邦交关系。20世纪60年代末的某一天，费正清偶然在火车上遇到基辛格，二人的话题自然谈到中美关系。了解中国历史的费正清，向基辛格讲述了中国历代的朝贡制度，指出依照此种制度和传统心理，任何外国元首的登门拜访都被毛泽东接受；而美国总统出访，则无历史与任何现实政治上的负担。费正清还将他1966年12月发表的论文《中国的世界秩序：中国的外交传统》，以及随后出版的《中国的世界秩序》一书赠送给基辛格。若干年后，基辛格再见到费正清时，"含蓄地表示那次谈话改变了历史"。

1972年2月，随着尼克松访问中国以及《中美联合公报》的发表，中美之间结束了二十多年的对立格局。之后不久，费正清夫妇便收到了周恩来发来的访华邀请。"但邀请并非直截了当地表达出来。当总理与《纽约时报》的斯科特·赖斯顿（Scotty Reston）谈话时，在提到一些老朋友时也提到了我们，还说，我们应该来中国看看。"费正清在回忆录里说。通过黄华，费正清与中国政府取得了联系。

"在这种非正式沟通行动的基础上"，费正清及夫人一行六人，作为中美关系正常化后的第一批美国历史学家前往中国进行访问和演讲。6月16日，周恩来在时任外交部部长乔冠华的陪同下接见了他们，周恩来还愉快地回忆了他与费正清三十年前在重庆初次见面的情景。

这是费正清和夫人费慰梅在离开中国二十六年后重返北京。故地重游，让费正清觉得仿佛是"毕业四十年之后的一次同学聚会"。此时的北京，除了两座城门，城墙都已拆除，这让费慰梅备感伤心。他们找不回20世纪30年代的美好印象，对他们而言，那似乎是一个已飘逝的梦，"城市早已失去了原来的面貌，尽管故宫修整得比以往看起来更加宏伟壮观"。费氏夫妇见到了许多故人：金岳霖、钱端升、张奚若、费孝通等，他们都是当年"太太的客厅"的老面孔，只是，主人梁思成与林徽因已不在人世。

中美正式建交之后，1979年1月，时任国务院副总理邓小平访美。1月29日晚，卡特总统为邓小平举行的国宴共一百四十余人赴宴，作为中国问题专家的费正清与夫人也应邀出席。邓小平对费正清20世纪40年代在美国驻华大使馆工作，以及回到哈佛大学开始深入研究中国问题的细节都非常了解。这次会面，二人之间还有一场非常有趣的谈话。

邓小平问费正清："您贵庚？"费正清回答："我已经72岁了。"邓小平说："我今年74岁。"费正清说："您还是满头黑发，而我早已谢顶了。"邓小平幽默地说："这证明您脑筋用得太多了。"

8月，费正清应邀陪同时任美国副总统的蒙代尔又一次来到中国，在北京、西安和广州进行了为期十天的访问，并在北京大学演讲，以庆祝中美两国正式建立外交关系。"在人民大会堂的晚宴中，副总统陪同副总理突然出现在我的身后。邓小平对我促进恢复中美关系所做出的贡献给予了高度的评价，我对此并不十分惊讶，借此提议为纪念周恩来而干杯，我们碰了杯。"此情此景，让费正清发自内心地感叹："1979年，结束了中美两国之间三十年的疏远状况，也结束了我作为一个中国问题研究专家五十年的奔走呼号。"

"新派中国学"之父

作为二战后美国第一代中国学研究的开创者,费正清凭着他的学识和能力,带动了中国学研究在美国的崛起。费正清的中国学研究发端于20世纪30年代,当时美国学术界对中国的研究依然处于欧洲传统汉学(Sinology)的桎梏之下,还不存在真正科学意义上的"中国学"。简而言之,传统的汉学属于古典研究,更偏重于语言学、文化学,几乎完全忽略对中国近代史的研究。

费正清所引领的"新派"中国学研究有什么特点呢?学者刘东总结说,作为一个地区研究的分支,新派的研究"以近现代中国为主要研究对象,以追问中国现代化进程为基本宗旨,以广义的历史学为主要存在形态"。它特别强调运用多种档案、多种语言、多种社会科学方法。"他在原先国际汉学领域里拉出了一个非常小的研究中国新派学问的队伍。虽然起初被人瞧不起,但后来由小到大、由弱到强,由少数的特例到一般常态,反而把原来的'汉学'逼成了一个狭义的汉学。"由此导致整个学术布局彻底改观:老派的汉学由大变小、由强变弱;新派的中国研究由小变大、由弱变强。

后期费正清在学术界的影响力,已不仅限于一名学者,更是一个领域的组织者与运筹帷幄的人。据统计,费正清一共在福特基金会拿到了3000万美元。放在今天,这个数字也特别惊人。有人戏称费正清是"学术企业家",用今天的话说就是,他有超强的领导力和执行力。在学术领域长年的深耕细作,他无形中也建立了一个巨大的网络,从中帮助同行和弟子们分享信息、彼此关照、互相支持,形成了"集团军"作战的态势。对此,周锡瑞和柯文也都有生动的回忆。因为费正清的英文名字中间有个King,很多人一语双关地喊他"王",调侃当中也饱含对其影响力的敬畏。

"费正清的个人著作奠定了他在学术界的领袖地位,而真正使这种领袖地位获得国际确认的是《剑桥中国史》系列丛书,该书被公认为20世纪最重要的中国历史著作之一。"中国社会科学院近代史研究所学者马勇这样评价。这是一个跨国界的国际合作,据说参加撰稿的一百多位专家来自十几个国家(地区)。按照规划,《剑桥中国史》全套十五卷,每卷都有该领域的世界顶级专家执笔,最后由资深编辑总其成。这样一个涉及面广、体量庞大的项目,只有费正清能调动人员与资金,并且以极大的耐心不断地组织协调。到现在为止,这套书代表了国际汉学家关于中国研究的最高水平。《剑桥中国史》1985年被引进到中国,除了对中国学者产生了极大震撼,也为中国学术界提供了一套全新的话语体制,在很大程度上推动了研究方法的多元化及表达方式的多样化,极大地推动了中国史学的繁荣。

从学术界的眼光来看,费正清留下的最大遗产是他的"冲击-回应"理论(Impact-response Approach)。简单而言,"冲击-回应"理论认为,近代中国由于自给自足的封建经济和程朱理学的束缚,长期处于落后、停滞的状态;而西方国家的资产阶级革命相继完成后,在工业革命的推动下,生产力大幅发展,处于动态、发展、先进的社会。在西方挑战的刺激下,中国长久稳定的意识形态和知识阶层开始回应,从而推动了中国社会的进步。"冲击-回应"理论为近代中国历史的发生发展提供了一种解释框架,影响了20世纪后半叶的海内外关于近代中国的研究。马勇评价说,自20世纪80年代开始,中国学者从这个视角对近代中国的历史进行重新研究，并由此衍生出一种"现代化模式"的解读框架，承认近代中国问题不是来自中国社会内部，而是一种外生，是中国向西方学习的历程。

"但是，另一方面，这种模式过于强调中国问题的外部性，否定了中国问题内生的任何可能，未免有点极端。于是从20世纪60年代晚期开始，在费正清的弟子门徒中酝酿着一种批判反思的思潮，以为'冲击－回应'理论过于机械，过于笼统。"马勇说。费正清的学生柯文也对老师主张的"冲击－回应"中国近代史诠释模式提出商榷，进而喊出了"中国中心论""在中国发现历史"的学术主张，提出要多关注近代中国社会发展进步的内在原因和内部需求。令人感动的是，作为一代宗师的费正清，面对嫡系弟子的挑战，表现出极为开阔的心胸和气度，甚至在柯文挑战他的著作遇到出版危机时，他还主动给出版社写推荐信。若干年后提及这一点，周锡瑞和柯文仍然感佩有加。另外，经过历史的沉淀之后，学术界对费正清的"冲击－回应"理论又有新的认识。正如学者葛兆光所言："对于柯文教授提出的'中国中心观'——也就是在中国发现历史，我赞同它的批判性意义，指出了'冲击－回应'论的问题；但我个人觉得恐怕有'矫枉过正'之嫌，这使得很多学者过于重视在中国内部寻找动力，而忽略了外部冲击对中国历史变化的影响，以至于否认帝制晚期中国的保守、封闭和危机。所以我一再强调，理论不是越新越好，'冲击－回应'理论至今仍然有生命力，而且它可以解释大部分历史资料，只是需要补充一点：同样的冲击，'各有各的反应'。"

在学术研究的路上，费正清一生都没有止步。他的关门弟子、后来出任哈佛文理学院院长的柯伟林（William Kirby）回忆："只要到费正清的办公室——我是他办公室的邻居——你就能听到他办公室里永远响着撕碎纸张的声音,他永远在改正、补充、摒弃自己原有的观点,直到生命的最后他还在学习,还在增进中国的知识。"

  1991年9月12日上午,费正清亲自将生平最后一部书稿《中国新史》(China：A New History)送交哈佛大学出版社,下午即心脏病发作,两天后平静辞世,享年84岁。有报道称他的逝世是西方中国学学术史上"一个时代的结束"。"费正清"这个名字恰如其分地暗合了他一生的品格。

傅高义
一位"中国先生"的研究历程

傅高义的脸上总是挂着热忱的笑，看上去更像一位慈祥和善的中国老人。1961年，傅高义被费正清等人物色进入哈佛大学东亚研究中心学习，由此成为日后产生巨大影响的中国研究者"先遣队"的一员。1973年，傅高义成为哈佛大学东亚研究中心的第二任主任。傅高义对中国做过多年扎实而刻苦的研究，在政治、经济、社会和文化领域人脉颇广，从而赢得了"中国先生"的称号，也成为中国半个多世纪发展道路的一个独特观察者和记录者。

结缘中国

30岁那年，一个偶然的机会改变了傅高义一生的轨迹。1960年11月，刚在耶鲁大学任教不久的傅高义回到哈佛大学探望一位朋友，东亚研究中心的一位教授问他是否愿意研究中国，傅高义老老实实地回答："没想过。"这位教授告诉他：哈佛大学最近获得一笔基金，想专门培养研究中国的年轻学者，如果学两三年能成功，便可留在哈佛教书。

1930年7月11日，傅高义出生在美国中西部俄亥俄州特拉华市的一个犹太人家庭。1950年，傅高义毕业于俄亥俄卫斯理大学（Ohio Wesleyan University）。在美军服过两年兵役之后，他考入哈佛大学攻读社会学博士学位。即将从哈佛毕业时，他对学术生涯的规划是留在学校做美国社会研究。"我的一位教授对我说：你如果想要搞好美国社会学研究，就应该到国外去，先了解国外不同的文化；做比较研究，应该去相对现代化的国家，如果去非洲的话，情况差距太大，而欧洲文化又太接近，最好的选择是去日本。"傅高义与妻子商量了一下，他们都觉得这个想法很不错。

1958年，傅高义去了日本。第一年，他专心学日语，第二年开始做家庭调查。几年后，傅高义出版了他的第一本书——《日本的新兴中产阶级：东京郊区的工薪阶层及其家庭》。《哈佛大学费正清中心50年史》一书评价说："这本书以他在东京做的访谈、调查和现场观察为基础，是研究日本终身聘用制的开山之作。当时终身聘用制在日本正在形成，它是日本此后二十年经济腾飞的一大特点。这本书为日本中产阶级的家庭生活如何围绕着家中男主人的事业组织起来这一问题提供了标准解答。"傅高义通过这部作品，"成为有关现代日本的最前沿的美国观察家之一"。

1960年，傅高义从日本回到美国，在耶鲁大学教书。不久一个机会不期而至。

20世纪50年代，美国研究中国的学者寥寥无几。一方面，中华人民共和国关闭了对美国的大门；另一方面，美国一些政治家还寄希望于蒋介石"反攻大陆"的胜利，认为不需要花很大力气来了解新中国。而在麦卡锡主义笼罩下，共产党领导之下的"中国"也令人噤若寒蝉，受此影响，很多大学没有扩大东亚研究。傅高义后来在一本书的序言里写道："在美国的很多大学里，尽管历史学家、语言学家和文学家都在教授关于中国的课程，但都对1949年之后的中国大陆没有多少了解。"

到了20世纪50年代后期，多数美国人开始意识到中华人民共和国将会长久存在，而麦卡锡主义也在渐渐消退，一些美国大学开始重视培养中国问题的研究人才，很多研究中国历史的人，比如费正清认为，这时候应该扩大对中国的研究。美国一些基金会也认同这个看法，愿意出钱来支持中国问题的研究者，却面临着既无教师也无人才的尴尬局面。当时的情况是，"基本没有美国学者能够讲流利的汉语，也没有美国学者能在研究中运用中文或日文文献"。

"当时的一些大学，比如哥伦比亚大学、密歇根大学、华盛顿大学、加州大学都想扩大对中国的研究，决定招收和选拔几名年轻学者——他们已经在经济学、政治学、人类学、社会学等方面有研究基础，力图让这些人利用各自的学术基础专门研究中国。"哈佛大学的费正清也是寻找者之一。痛感"在这个领域严重匮乏高水平人才"的费正清，着意选拔和培养一个训练有素、具备从事中国研究所需专业技能的学者群。傅高义说，当时哈佛大学已经有中文、中国历史、中国文化的研究，但是在政治、社会、经济、法律这些专业上，还没有人做针对中国的研究。此时，研究过日本又有社会学背景的傅高义的出现，恰恰符合了费正清等人对未来中国研究者的需要。

傅高义决定抓住这个机会。1961年，傅高义来到哈佛大学东亚研究中心（费正清去世后，它被命名为"费正清东亚研究中心"，现在叫"费正清中国研究中心"）开始学习中文，也学习中国历史、社会和政治等相关知识。给他上中文课的是赵元任的大女儿赵如兰。"今天回顾起来，虽然我们的规模很小，但在培养人才方面，很有些类似于中国1977年恢复高考时的历史语境。"熟悉中国的傅高义打了这样一个比方。

傅高义由此也幸运地进入了这支日后产生了巨大影响的中国研究者"先遣队"。他后来曾不无自豪地说:"因为学中文非常难,想学这么难的语言的,当然是优秀的学生。所以当时无论是国务院的工作人员,还是大学或研究机构的学者,研究中国的人都是美国社会的知识精英。"

这位决心从事中国研究的年轻学者,很快为自己取了一个地道的中文名字。"这个名字是我同中国朋友商量后取的。"傅高义的英文全名是Ezra Vogel,"Vogel是个德国姓——虽然我的父亲是来自波兰的犹太人,而在德语里这个发音很像中国的'fugao'",他解释说,因为英文名字的第一个字母是E,取其谐音,又选了"义"字,"我知道在中文里,'义'也意味着有很高的道德标准,这正是我想追求的"。于是,"傅高义"这个享誉海内外的中国研究学者的名字最终形成。

研究中国

20世纪60年代初,美国有关当代中国研究的资料非常少。"当时我没有办法去(中国)大陆做研究,因为它对所有人都是封闭的。有的人选择去(中国)台湾,但我觉得台湾对大陆肯定有偏见,相比之下,(中国)香港会客观一些。另外,在香港做研究有一个好处是,当时有很多人偷渡到香港,他们带来的内地的消息会多一点。所以香港是个相对好的选择。"

一番考虑之下，1963年，傅高义动身去了香港。在香港生活的一年间，他开始建立对中国的初步了解，也在此基础上开始了对当代中国的研究历程。"当时很多美国报刊希望报道中国'大跃进'失败的消息，也有一些美国特工人员从事收集中国情报的工作。我们的研究目的着眼于中国1949年后的全面历史发展（包括政治、经济和日常生活现象）。因为中国是个人口大国，历史悠久，我们预测中国与美国、世界的关系将逐步展开。我们的学者不想抵制中国的发展而是为了更好地与中国交流，需要掌握和了解中国，因此我们认为我们的研究是任重而道远的。但当时绝大多数美国人没有意识到我们研究的重要性。"傅高义后来总结说。

赴香港前，傅高义原本希望能够做一些关于中国城市和农村的实际研究，但是由于资料收集的困难和各种条件所限，详细的地方资料很难收集到，除了广东。"考虑之下，我决定不研究全部中国，而只研究广东，因为材料和可以访谈的人都比较多。"

在香港待了一年之后，1964年，傅高义回到哈佛，开始着手写一部关于1949年以后广东全面发展情况的著作。在香港期间，他开始系统阅读能获得的中文报纸，包括《南方日报》《广州日报》《羊城晚报》等，"但是因为语言有限，我在理解上还是有一定问题"。回到美国之后，正好哈佛大学又买了1949年至1964年出版的全部《南方日报》，这为他的研究提供了更扎实的基础资料。

当时的中国报纸基本上都是宣传革命，对来自异域的傅高义来说，要想从这些千篇一律的宣传中甄别出真正有价值的信息，的确是一件难度颇大的事。此时，傅高义在香港认识的一位叫陈仲文的年轻人，给他提供了很大帮助。

"我请他来美国做我的助手,我们一起看《南方日报》等几份报纸,遇到不明白的我就问他是什么意思。比如我看报纸说'反对×××',我就问他是什么意思、背景是什么。他就会把他了解到的很详细地告诉我,特别是有关土地改革的经验,比如最开始的政策是什么、几个月之后政策又变成了什么……"傅高义与助手这样老老实实地每天读报纸、研究材料整整两年多,他扎实的史料功夫就是这样一点点积累的。他在后来写作《邓小平时代》时,也用了这样的"笨"办法。

1969年,傅高义出版了《共产主义下的广州:一个省会的规划与政治,1949—1968》。他在书中详细介绍了社会主义改造、土地改革的过程,当时在美国很有影响。正如有学者评论说:"在他的第二部作品里,傅高义展示了他对中文材料的掌握和娴熟程度及其关于现代中国发展的渊博知识。从那时开始,能够游刃有余地同时驾驭中、日两种文化和洞察整个亚洲局势,便成为傅高义学术成就的两个特色。今天,他仍是美国少数几个能对日本研究如数家珍的中国研究学者之一。"

那时候的傅高义已经显示出与众不同的研究风格,他不因意识形态冲突而对他研究的对象进行高高在上的审视或批判,而是以专业学者的态度,冷静地对一个复杂的社会做出观察和分析。傅高义后来也坦言:"尽管美国有些人非常反对共产主义,但当时我们当中的大部分中国问题研究学者并不会对共产主义反感。我们知道我们的目标不是对共产主义提出批评,而是要努力客观地去理解它,去认识这个社会的活力和发展。虽然那时还有很多政治家牵涉到'冷战',但我们学者当中已经对那些极端的'冷战'斗士持批评态度,我们只想努力地去理解真实发生的事情。"这一风格在他后来的《邓小平时代》一书中也体现得淋漓尽致。

1965年,傅高义开始讲中国社会,主要讲1949年之后中国大陆的情况,这是哈佛大学首次开设中国社会课程。当时傅高义的学生有三四十人,其中有十多位后来也成为美国著名大学的学者,比如杜维明、怀默霆、高棣民等。在教学领域,他的影响不容忽视。

接班费正清

1973年,费正清从东亚研究中心退休,比他小25岁的傅高义接任中心主任一职。

作为中国研究的开创性人物,费正清无论在美国还是在中国,都影响深远。美国很多研究中国的专家都是费正清的学生,不过傅高义不属于这个群体。"我不是历史学家,我一直搞社会学、心理学、人类学;费正清是教历史的,当然我跟他们很熟,也听他的课,但我不算他的学生。"傅高义解释说。

"费正清看中文文章可以,但是中文讲得不太好,他有很多中国的朋友帮他做研究。"傅高义坦率地说:"他为这个中心的成立做了很多系统的工作。二战以前,中国历史不是历史研究的主流,他想把中国历史引入西方的主流研究,为此,他做了大量工作。"

"费正清是哈佛出身,是这里的领导者,用中国的说法,在美国他算得上是'高干子弟',他有些骄傲,他的妻子(费慰梅)也来自很有地位的家庭,所以他非常有自信;而我是小镇上长大的青年。"傅高义半开玩笑地说。尽管自认为在学术上和性格上与费正清有很多不同,但总的来说,他仍然表达了对费正清的敬佩之情,"他成立的研究所不仅在哈佛,在全国的贡献也很大"。

费正清对努力又勤奋的傅高义青睐有加,从1967年起,就有意识地培养傅高义做他的副手。而在担任副主任的时候,傅高义已经显示出他与费正清不同的领导风格。费正清很少参加冗长的学术讨论会,傅高义则不同,"喜欢参加各种研讨会,听学者们讨论各自的研究成果、互相调侃、辩论"。

1972年,尼克松访华,中美关系开始慢慢解冻,美国人已经可以进入中国。美国很多基金会想将资金直接用于资助学生去中国留学,相反,捐给研究中心的钱就大为减少。"我做主任时,最大的难题是资金不如以往那么足,学生的规模也比较小,可是我们还要继续保持学术活力,所以我想了很多办法,邀请各界学者定期召开研讨会,现在看来这个做法还是比较合适的。"傅高义说。这些举措也使得东亚研究中心能够紧跟不同领域的学术进展,促进了这些领域的研究进步。

"尼克松访华之后,(美国)掀起了中国热,我们充分利用这个机会做了一些事情。费正清认为哈佛大学不仅对自己的学生有责任,对全国也有责任,因为哈佛大学在美国有地位,所以我们有责任向美国人介绍中国,不仅在学术圈,在外界也应该讲课。我完全同意这个做法。我们的很多演讲,不是为了直接影响政府——我们当然是想影响美国的对华政策,但是影响不大。"傅高义微笑着说:"民主国家中民众的意见是很重要的,所以我们尽量让老百姓了解中国,支持政府的决策;否则,政府的决策也无法推行下去。"

1975年，傅高义从日本基金会得到一笔资助，去日本采访战后商界和金融界的领军人物。1979年，他出版了关于日本的第二本著作《日本第一：对美国的启示》(Japan as Number One: Lessons for America)。在日本经济异军突起的年代，这本书无论在美国还是在日本，都影响巨大。在日本，这是西方学者写作的最为畅销的非文学类作品，受到空前欢迎。

"'日本第一'的意思就是说日本在一些方面的确做得非常好，有的人误会了我的意思，我不是说日本的经济力量比我们大、会变成更大的。但是我知道日本正在发展，在很多方面做得很好，我是希望美国人多学日本的做法，日本有很多优点，比如质量管理、学生考试制度、人均寿命的延长，等等，很多方面做得都比我们好，所以我们不要批评他们，应该学习他们的优点。"傅高义说。

这本书出版后，美国许多企业家认识到日本强大的竞争力，纷纷邀请傅高义去作报告，以增加对日本的了解。有评论说，这部书帮助美国商界和政界的一些领袖对20世纪80年代震撼不少西方人的日本崛起有所准备。

傅高义后来才知道，在中国也有不少人读过这本书。

进入中国

1969年，共和党人尼克松当选新一任美国总统。费正清与傅高义等十几位研究中国的著名学者给他写信，说"现在是跟中国接触的好机会"；不仅如此，傅高义与费正清等8位学者还曾经去华盛顿，找到时任国务卿也曾是哈佛教授的基辛格谈话，就中国问题提出一些建议。傅高义说，美国有一个组织叫"美中关系全国委员会"（National Committee on United States–China Relations），这个创建于20世纪60年代的委员会，在冷战期间对推动中美双方的交流起了很积极的作用。傅高义和基辛格都是这个委员会的成员，他们常常在这里见面。

1971年的一天，基辛格专程来到哈佛大学东亚研究所，找费正清和傅高义这些"中国通"聊了一次中国问题。"他是一个很聪明的人，他当时告诉我们中国很快会参加联合国，所以我们应该事先准备好，用什么办法、怎么跟中国打交道。我们这些研究中国的学者都谈了一些自己的看法，但是我们也不太了解中国内部的情况……我们都是通过看报纸……所以我们讲话都是说'可能是这样''可能是那样'……但是中国真正的事情我们都不太了解……"这些教授当然不知道，基辛格是在为他马上要进行的秘密中国之旅做准备。有的教授不想谈论中国，就把话题转到越战上面，就美国的越南政策向基辛格发难。"因为我们太反对越南战争了，所以后来哈佛不邀请他来，也不给他名誉博士的称号。"回忆起这一幕，傅高义忍不住笑了起来。"所以基辛格对哈佛没有什么好感。虽然他本科和博士学位都是哈佛的，也是哈佛的教授，和哈佛渊源很深，但是他把自己的材料和论文都交给耶鲁，而不给哈佛。"

"1971年他（基辛格）第一次从巴基斯坦秘密到北京访问，我也感觉很震惊，想不到他会这样做。当然我很高兴，这是好事，这对我们研究中国很有好处。我想这回好了，我们会有机会去中国学习，中国人也有机会来美国。我们的工作是了解中国，如果双方没有交流，研究的意义也不大。"傅高义继续说道。

1973年，傅高义跟随美国国家科学院赞助的代表团第一次访问中国。这是前往中国交流的第一个美国代表团，成员包括傅高义在内的三个中国研究专家，而其他人都是从事自然科学研究的。回忆起这次访问，傅高义说："中国当时需要自然科学家，不太欢迎外国的社会科学家来研究自己。"

20世纪80年代初，广东省与哈佛大学所在的马萨诸塞州（也称"麻省"）建立了姐妹关系。当时的麻省州长得知傅高义曾写过一本有关广东的书，便指定让他加入一个研究麻省姐妹关系的委员会。因为傅高义"会说汉语，又对广东的情况比较了解"，所以麻省前州长出访广东时，也曾邀请他做随行翻译。有了这样一个机会，傅高义得以与当时的广东省高层领导有了更多的沟通与交流："他们希望外国人到广东投资。但当时广东的投资环境不太好，省里的领导们担心中国人写的书国外会不相信，如果由一个知名大学的外国教授来广东写一本，可能有很大的说服力。就像我以前写的《日本第一》一样，从中国的角度来看，这本书对美国人了解日本非常有帮助，所以他们邀请我去广东做研究，觉得如果能写成一本书，对广东也有一定好处。"

傅高义接受了邀请，但条件是自己承担费用，目的是保持研究的独立性。"我还告诉他们，我不是埃德加·斯诺——他是一个记者，他到延安，可以满腔热情地正面记下毛泽东在做的事情；而我是学者，我的工作是客观地提出我的看法，也要批评。他们说可以，他们觉得写基本的情况能让外国人客观地了解广东，他们对此很乐观。"

1987年傅高义前往广东。当时的广东省经济委员会（以下简称经委）为他的研究调查提供了很多帮助。另一个收获是，经委为他派了个年轻干部做助手，这位叫窦新元的人后来成了傅高义的朋友，在傅高义写《邓小平时代》一书时也为他提供了大量帮助，"因为他曾经在经委工作，了解中国制度，帮助我了解了全国的情况"。

傅高义在广东待了七个月，广东一百多个县，他去了七十多个。"没有第二个外国人得到过这么一个机会，可以从广东的内部来考察这个省份，因此我感到更有责任来记录这个省的很多细节，力求把广东的发展实情提供给西方的学术群体。"

1989年，傅高义完成了《先行一步：改革中的广东》(One Step Ahead in China：Guangdong Under Reform)。这是外国学者全面研究和报道中国改革的第一本专著。该书对广东改革开放的动因、性质、过程及前景进行了颇为全面且系统的研究，与二十年前的那本《共产主义下的广州》前后相续，正好构成了一部完整的广东当代史。

回忆这次经历，傅高义觉得稍有遗憾的是，他没有见到时任广东省省委书记任仲夷。"可能因为这个时间太敏感，他觉得有压力。"傅高义说："我非常佩服任仲夷，他本来在辽宁，后来到了广东。他的思想非常开放……。我那个时候不知道他的压力是什么，现在我才明白。"任仲夷的孙子任意后来成为傅高义的助手，在傅高义写《邓小平时代》时，提供了很多帮助。

二度出山

1995年夏，傅高义再次担任费正清研究中心主任，这时的他已是美国最知名的亚洲问题专家之一。从1958年以来，傅高义每年都要到亚洲访问，在亚洲他联系的都是最高层次的人物，包括政界、商界、文艺界、新闻界和学界有影响力的领导人。比如新加坡的李光耀，傅高义在第一次担任东亚研究中心主任时邀请他去演讲，二人由此相识。后来傅高义写《邓小平时代》时，李光耀也为他提供了很多独特的看法和鲜为人知的细节。

20世纪80年代初，哈佛大学提出希望资历老一些的教授也要上公开课。傅高义觉得，不应该只讲日本、中国这两个国家，应该把课题延展到后期产业发展的国家，于是他开了一门叫"东亚产业社会"（East Asia Industrial Society）的课程，主要讲后起发展的产业社会有什么特点。"（中国）台湾、韩国、（中国）香港、新加坡都是后起发展的，我想应该多了解它们，于是我去了这些地方待了一段时间，看了些材料。开始是为了那门课程做准备，后来也接着做了不少研究。"不久，他在哈佛大学出版了《亚洲四小龙：东亚的工业化》（*The Four Little Dragons: The Spread of Industrialization in East Asia*）一书。这本书不但探讨了"四小龙"的经济发展，还讨论了支持其经济发展的社会结构，"傅高义多次展示出他不仅能够把握席卷亚洲的大趋势，而且能以让大多数读者浮想联翩的笔触将这些趋势刻画出来"。

1993年，哈佛大学教授、后来提出"软实力"一词的著名政治学者约瑟夫·奈（Joseph Nye）应克林顿政府之邀，出任国家情报委员会（National Intelligence Council）主席。他邀请好友傅高义一同到华盛顿工作，出任东亚情报官。傅高义解释说，国家情报委员会主要是为国防部、中央情报局（CIA）等十几个部门提供材料分析工作。

"当时我们是集中阅读材料——主要是日本、韩国、中国，以及东南亚国家的一些问题，然后撰写分析报告。我在华盛顿看到了很多比较秘密的材料，在此之前和之后我都没有机会看到，所以这对我来说是一个非常好的机会，我可以了解政府的做法。那时我还没考虑去做邓小平的相关研究，很可惜没有用到这个机会。"这让傅高义想起来稍觉遗憾，"不过后来我发现，我了解邓小平还是比其他人多很多，因为当时的驻华大使 J. Stapleton Roy（芮效俭）的报告我们能看；我后来跟在政府工作的那些人也有一些来往，可以交换看法"。

"除了当兵，这是我唯一一次参与政府的工作。"傅高义总结说。这段经历让他的视野更开阔了，可以站在更高的领域看问题。"很可惜我年轻时没有这样的机会，已经63岁了才能去，也许年轻时我能更好地利用这个经验。"在《邓小平时代》的前言里，傅高义特地指出，尽管有过这段工作经历，"但在本项研究过程中我没有接触过任何保密资料"。

重掌东亚研究中心主任一职的傅高义，决心改变中心以往只关注学术，而对与国家、政治、商业方面的领袖人物合作缺乏兴趣的传统。在他看来，哈佛作为世界级名校，在教育公众方面责任重大，所以，他努力拓展与这些人物的关系。在傅高义的领导下，费正清研究中心"差不多成了美国政府亚洲事务部门在波士顿的分部"，每周都会有高层人士到访。傅高义也启动了很多有关当代国际关系问题的新项目，使得这段时间成为费正清研究中心最为活跃的阶段之一。

在此期间，最为重要的一件事，莫过于时任中华人民共和国主席江泽民的哈佛访问。对傅高义来说，这也是他多年来努力推动中国人士和哈佛学者互访的结果。

1997年11月1日，江泽民如期在哈佛大学进行了这次举世瞩目的演讲。江泽民访问之后，哈佛大学与中国教育部达成了一系列合作协议，这也无疑为哈佛大学与中国高层的互动创造了一个良好的起点。2003年，时任国务院总理温家宝再次访问哈佛。追根溯源，这与傅高义当时的努力不无关系。

2000年，70岁的傅高义从哈佛大学的教学职位上退休。而他研究中国的另一段更艰难的历程才刚刚开始，直到十年后，他拿出了这本厚重的《邓小平时代》。

访谈　探寻邓小平，探寻现代中国

2000年，70岁的哈佛大学荣誉退休教授傅高义，决定写一本能向美国人介绍亚洲重要发展的书，几经思考，他把目标锁定在邓小平身上。"因为亚洲最大的问题是中国，而对中国现代历程造成最大影响的人是邓小平。"2010年，这部倾十年之力完成的《邓小平时代》英文版出版。十年里，傅高义去过太行山区、邓小平的老家四川广安以及江西瑞金；访问了很多与他接触过的政要，共计访问了三百多人。单单是注释，就有一百五十多页。

傅高义毫不掩饰他对邓小平的崇拜。是邓小平使中国走出落后、封闭而又僵化的状态，发展成一个拥有现代化经济的世界大国。"如果有一名大多数中国人都会感谢他提高了自己生活水平的领导者的话，那么他就是邓小平。在改善这么多人生活水平方面，20世纪有任何其他领导人比邓小平做得更多吗？在20世纪，有哪个领导者对世界历史产生这样巨大而长久的影响力？"

傅高义的书出版后，立即引起国外主要媒体的关注。《纽约时报》先后两次发表书评，认为这是一部"详尽的、及时的文献之作"，称此书是"迄今为止中国惊人而坎坷的经济改革之路的最全面的记录"。2012年，《邓小平时代》获得了加拿大多伦多大学莱昂内尔·盖尔伯奖（Lionel Gelber Prize）。该奖专门授予以英语写作的外国事务非虚构类著作，傅高义的竞争者包括凭借《论中国》入围的基辛格。最近比尔·盖茨也专门写了一篇书评："如果你想读一本关于现代中国的书，那么这本书就是你应该读的。""傅高义的书，重新回顾了中国如何从一个极端贫困的国家发展到今天世界上最重要的两个国家之一。""傅高义展示了他对中国复杂文化的理解。"

2012年岁末，在哈佛大学坎布里奇镇傅高义的家里，我们畅谈了四个多小时。面对一口流利汉语的傅高义，我一时间有种对面坐的是一位中国学者的错觉……

关注邓小平

问：您要写一本关于邓小平的书的想法是如何产生的？

答：2000年我从哈佛大学退休，我想写一本书，帮助美国人了解亚洲的重要发展。但是我没想好去做什么题目，于是跟很多人谈，想听听他们的意见。其中一位专门研究东亚问题的记者朋友听了我的话后，马上回答说："你应该写邓小平！"

我思考了几周之后，认为他的话是对的。在中国的改变之中，邓小平是最重要的一个人；我也考虑，如果单写中国的政治或者某某组织，大家未必感兴趣，但是讲一个重要的人的故事，会好很多——当然我要谈的不只是一个人，还有中国的政治情况。

严格说起来，我认为这本书不算是邓小平传——起初我是要为他写传，但后来我跟出版社交换看法，他们建议说，传记太多了，背景也应该多写一点，比如要专门写邓小平在那一时期跟改革开放的关系。我的目标是让美国人多了解亚洲，而了解改革开放是了解中国最基本的途径。

问：真正进入这本书的写作时，难度最大的是什么？

答：邓小平没有留下什么私人档案，很多重要决策资料也从没有公开。早在上世纪20年代、邓小平在巴黎和上海从事地下工作时，就学会了一个非常特殊的本领——完全依靠自己的记忆力，所以他身后也没有留下任何笔记。……"文革"期间批判他的人想搜集他的"罪证"，但没有找到任何书面证据。此外，就像共产党的其他领导人一样，邓小平严守党纪，即使在"文革"期间与妻子儿女一起被下放到江西时，他也从来不跟家人谈论党内高层的事。邓小平很少在公开场合回忆过去的经历，大家都知道他不爱说话，出言谨慎。

我虽然知道一些人了解情况，但恐怕他们不会跟我谈……因此，研究邓小平、研究他如何做出决策以及他究竟做了些什么，比起写其他人的传记来，要做更多的工作。

问：那您怎么来克服这些困难？

答：我尽量利用能得到的一切文献，包括已公开的资料如《邓小平年谱》《邓小平文选》和各种官方出版物。我还看了与邓小平共事过的高层官员的纪念文字，使用外国政府公布的文件，以及见过邓小平的外国人的记录。我还有机会与邓小平的家人、同事以及一些比较了解他的人会面、交谈，他们为我提供了一些难得的观点和细节。很多事情的确没有详细的材料，我能做的只是多了解他的背景，考虑他那时期最重要的目标是什么。为了了解他怎么想，我应该尽可能多地利用我知道的东西。

问：您和邓小平家人交谈时，他们对你的工作是什么态度？

答：我和邓小平的小女儿邓榕（毛毛）谈得比较多。邓榕是非常聪明、非常活泼、非常直率的一个人，我非常欣赏她，我认为她对父亲的态度很客观，讲的话也是可靠的——当然我也能理解也许还有很多秘密她不能讲。邓榕出版了关于父亲的传记（《我的父亲邓小平》），我认为她写的邓小平"文革"时期在江西的那段生活，对研究邓小平非常重要。

除了邓榕，我也同邓林交流过，邓林是个画家，也很活泼；邓楠来哈佛的时候我见过她，但后来她比较忙，我总是约不上她。我最近一次见到邓楠，问了她一些事情，她说：你去问邓榕吧，邓榕记性比我好。我想，邓榕是这个家庭的代表，是发言人，也是专门研究邓小平历史的。邓小平的三个女儿都非常活泼，我的确喜欢她们。她们直率、非常爱自己的父亲。

问：她们对您的书后来有什么评价？

答：我最近一次在北京见到邓楠，她的女儿、女婿都在。邓楠说：我们都看了中国香港出版的《邓小平时代》，没有想到一个外国人能这样了解爸爸、了解中国，这是非常不容易的。她还说，这本书把她爸爸面临的问题讲得比较详细，所以非常感谢我。她还买了二十本书让我签名，说是准备送给她的朋友。她告诉我，她的兄弟们也都看过这本书。

稍微遗憾的是，我没见到邓朴方和邓质方，我能理解，他们对一个外国人会比较谨慎。我当时在中国采访，联系了很多人，但有一些人不肯跟我这样的外国人谈话。现在书出来了，他们也应该相信我是客观的态度。如果邓小平的其他家庭成员看我的确是一个客观的学者，愿意跟我再谈一些内容，或者还有其他人愿意谈，我也考虑三四年后修改邓小平的传记，用些新的材料。

问：这本书后面的注释就有一百多页，想必您看了大量的材料。怎么处理这么多的材料？这对您来说是一个很大的挑战吗？

答：我上了年纪，记性不好。我没有系统地工作，花了很多时间，现在想来未必合理。比如我第一年写过的事，在第二年、第三年以后，就记不住详细的内容了。有些事情我几年前看过材料，但是来源就记不得了。

刚开始操作时，我会写邓小平在哪一天见了谁，非常详细；但是两三年后再写那一章时，我又觉得读者对此不会感兴趣。为了让读者了解这件事，我会尽量写出背景轮廓。有的章节为了顺利地讲故事，要写两三次。这个方法不一定合理，如果开始整理得好，会写得更快。

问：在整个写作过程中，哪一部分的材料是最充分的、写作是最顺利的？哪一部分是最困难的？

答：当然是外交那一部分相对容易一些。因为邓小平与外国人会面都有记录，在日本、美国、法国……而它们是公开的，只不过很多中国人没有看过详细的记录。但是关于某些重大事件，这些材料是不是可靠，我也不知道……

我不太想写"估计"，我想让读者了解我了解的事，让读者下自己的结论。

问：您跟李光耀私人关系比较好，他为您提供了哪些帮助？

答：为了写这本书，我去新加坡的时候见了李光耀，也见了他的儿子李显龙。我第一次见到李光耀是在上世纪70年代，那时我是东亚研究中心主任，邀请他来哈佛作报告。那时我们就认识，我很佩服这个人。

李光耀读过我写的那本《日本第一》，他认为日本的确在某些方面取得了一些经验，他想用那本书在新加坡做日本研究，比如他想研究为什么日本犯罪率这么低——我在那本书里也讲到了这一点；他认为日本的工会跟企业家的关系非常好，他邀请我到新加坡讲日本的工会，他认为新加坡的工会总闹事，应该向日本学习，等等。

李光耀也为我这本书提供了很大的帮助。他认为在他见过的人里面，没有人能超过邓小平。关于东南亚形势的分析、关于对邓小平的评价，他的话给我留了非常深刻的印象。……

问：我注意到他还提供了一些珍贵的细节，比如邓小平想通过李光耀跟蒋经国会面……

答：对，这也是李光耀告诉我的。大多数的人都不知道蒋经国跟邓小平1926年曾是莫斯科中山大学的同学。1985年9月邓小平会见李光耀时，他知道李光耀不久前曾见过患有严重糖尿病的蒋经国……就问李光耀蒋经国对接班人问题是否有所安排等问题，邓小平担心蒋经国去世后台湾会发生混乱。邓小平请李光耀转达他对蒋经国的问候以及两人见一面的建议。李光耀没多久就到中国台湾捎去了这个口信。但是蒋经国对共产党还是心存疑虑，拒绝了会面。

十年磨一剑

问：您用了十年时间完成了这本书。这十年间，很可能别人也会写一部邓小平传，您有没有担心这一点？怎么保证自己的书不被超越？

答：我怕，我当然很怕！那时候我妻子也说，你要快点、快点！她想旅行，想玩一玩，一直批评我把太多时间花在这上面，总是太忙，希望我快一些完成。但是没有办法，我一直写得不快。我没有想到会写这么长时间，我当初估计最多四五年。但是我开始研究的第二、第三年，我觉得陈云很重要，我花了差不多一年时间做了陈云的研究，让助手帮助我，我们看了很多书，专门去了解他的背景。

我以前在费正清（中国）研究中心见过陈云的女儿陈伟力，她在斯坦福大学留学，她把陈云的秘书朱佳木介绍给我——他后来是当代中国研究所（以下简称当代所）所长。

朱佳木让我非常详细地了解到陈云的事，后来当代所开了一个国际会议，让我写文章。我也一直住在那边，中国社会科学院的当代所可以说是我北京的单位……朱佳木对我非常好，他很详细、很系统地向我介绍了陈云。所以虽然我在写邓小平，但在其他方面也一样要花很长时间。

问：虽然担心，但还是要按照自己的方式来完成这样一个工作？

答：恐怕现在不会有别人这样做。我想我有我的优势：会中文、认识邓家的人，也跟很多人做过交流，有的书一两年人们就会忘记，我估计我这本书会长期留在人们记忆里。

虽然我没想到这本书会花这么长时间才完成，但是它的出版时机还算比较幸运。如果在二十多年前出版，很多西方人可能难以客观看待邓小平的历史贡献。

问：您怎么判断和处理接触到的各种材料、采访时遇到的各种观点？毕竟每个人的立场不一样，对事情的看法就不一样。

答：中国的问题确实比较复杂。不过我有很多朋友帮助我。比如我有一个朋友窦新元，他原来是广东的一个干部，后来帮我工作，我喜欢让窦新元陪我去看一些人，之后很想听听他的看法。他帮我了解中国的各种组织。还有一个朋友是任意，他陪我去看望某人后，我会问他很多问题，比如那个人为什么会提到这个事情？他不回答某个问题，他顾虑什么呢？任意给我解释，这样做的话可以多了解北京的情况。所以我估计我的确是比别的外国人多了解一点中国的事情。

问：整本书读下来，感觉您对书中涉及的政治人物的评价都很谨慎。您是在有意识地控制自己、不要轻易流露出来对他们的态度，还只是很客观地来写他们最后做出的举动？

答：我认为我的责任是尽可能客观地写。当然我有自己的感情，比如我很喜欢邓小平的孩子们，但是我不是直接说；我对陈云也同情，对某些人也不太喜欢，但是我不能直接说。

我想试着让读者理解更多的背景，理解他们为什么这样做——就像我应该了解邓小平，我不一定同意邓小平的做法，但是应该让读者了解为什么邓小平这么做。我觉得不一定要用"控制"的字眼，要很自然的，就是一个职业学者应该有的比较客观、冷静的态度。但是我应该给读者一些背景。有的人不读这本书，说我对人没什么感情，但是读得比较仔细的人能感觉到我其实是有态度的。读者也可以同情，他的看法可能和我一样，但是书里面应该讲事实。

工作方法

问：在这本书的写作上，您还是采取了一个比较传统的方法，没有用很多现在流行的看似很宏大的概念、框架，这是一种有意识的写作方式吗？

答：我这样说可能有点自夸，但是我觉得为了了解这个背景、了解这个事情，未来二十年、三十年，甚至四十年之后，人们都会看这本书。如果用现在很流行的某某看法、某某理论，但那些理论二十年后可能不存在了，所以我想避免现在特别流行的一些方法或概念。还有，我是在小镇长大的，我写书的时候，会考虑我的高中同学们能不能读懂这本书。他们是普通的美国人——当然，至少也是读过大学的人——我希望普通美国人能看、能理解。

问：您本人是一位社会学家，具体采用的是什么样的工作方式？作为一个社会学家来写邓小平，和历史学家有什么不同？

答：不一定有不一样的地方，这还是得看人。大学毕业之后，我服了两年兵役。因为我学的是社会学、心理学，他们让我去军队的精神病院里服役，那里的医生都是在军队之外工作的人，他们都非常专业。为了了解每个人，我们需要学会怎么访问、怎么让人表达自己的看法——这种技巧是在军队医院里学到的。

我在日本做研究时，用的是"集中访谈"这种方法，强度很大。追踪调查的家庭是每周见一次，一年下来一个家庭要见五十多次，我会问他们很多问题，对个人和社会背景的理解都比较深。有人说调查研究是问一百个人同样的问题，我不用这样的方法，我想更深入地理解每个人的想法和角度，不去判断这是好是坏。

为了让受访者能更好地谈论自己，见面之前我也要做准备：这个人处于什么位置、他有什么背景、考虑了哪些事情，等等。我需要问他当时是怎么考虑问题的，要让他很直率地去谈。

作为社会学家，我还会分析一个人的权责、他的组织和影响、人事关系等。外国人写传记，会重点写某人在某一年做了什么事。但是我想让读者不仅理解那个人做了什么，还有他心里想的是什么。我尽量提供更多的资料，让读者理解他是什么样的人，我认为这种写法更有味道。

问：我很佩服您工作的态度：2010年完成英文初稿后，先让翻译翻成中文，然后将其给一些学者看，让他们提意见，根据修改意见对英文稿进行修改，再进行第二轮翻译。我想知道您为什么这么严谨？

答：我的确非常仔细，我担心很多事情我不理解，也可能写错了，所以希望别人帮我看，这样也可以提高水平。我知道不会有别人下这么大力气写一本书，所以我不着急。我让冯克利（译者）把书稿拿给一些研究中国当代史的学者看。他们给我提了很多很好、很详细的意见，所以我又进行了第二次修改。第二次修改后的翻译量也比较大，所以甘琦（香港中文大学出版社社长）又找了一批人帮我，他们工作非常努力、非常认真。比如我在书里提到邓小平在某个场合说了什么话，他们不仅翻译，还找到原文，用原文代替翻译，这样就更加准确。我的很多中国朋友也说这本书翻译得好。

问：您在中国做了大量访谈，它们全部是用中文进行的，听说您还专门为此请了家庭教师来提高中文水平？

答：我们这一代没有在中国留学读书的机会，所以我一直想提高自己的中文水平。我妻子在20世纪80年代在中山大学做过研究，我陪她去广东生活过一段时间，那里的中文系正好有几个北方的教授专门教对外汉语，其中一个山东女老师教过我，她非常能干。

在我准备写《邓小平时代》的时候，我觉得应该提高自己的中文水平。我在广东工作的时候，有专门的助手陪同我，不懂的话我会向他请教，但是如果跟比较高层的人直接讲话，我的水平还不够，所以我邀请那个女老师来到哈佛，每天教我几小时中文。因为我年纪大了，中文学得不够快，基本用了一年时间学习中文，为去北京访问做准备。

我现在看《邓小平年谱》之类的书基本没问题，但是看一些回忆录，很多背景还是不知道，有时也可能会把意思理解错，所以还是要咨询一下我身边的中国朋友。还有一个问题是，与邓小平有关的书太多了，开始中国每出一本相关的书我都会看……后来是中国朋友帮我选书，他们看了很多书后，告诉我哪本书很好，并且他们具体的认识也比较可靠。因为读中文书对我来说是很费时间的，所以重要的书我自己看，有什么问题我再问助手们。

走近小平

问：从您个人来讲，是从什么时候开始关注邓小平的？

答：1973年5月，我作为美国科学院赞助的代表团成员第一次去北京访问。我们当时见到了周恩来和其他一些要员，很遗憾没有见到邓小平。那次访问我印象很深的是，邓小平刚刚结束了"文革"下放回到北京，高层内部对此事议论纷纷——我过去就知道邓小平这个名字，那一次在北京的时候，听见很多人在议论"邓小平回来了"，感觉大家都非常重视这件事。这让我觉得他是特别受重视的一个人。但是谁也没有预料到日后他将会对中国做出那么大的改变。

问：您唯一一次见邓小平是什么情况？

答：那是1979年1月，邓小平访美，我参加了美国方面为他举行的招待会，当时我距离他只有几步之遥。我推测那一次美国挑选国家美术馆（National Gallary）作为招待会地点，就是因为它是贝聿铭设计的，他们想要表示自己的重视态度，还有美籍华人的重要地位。不幸的是，国家美术馆那个地方很漂亮，但是声响系统很糟糕，因为那个地方根本没有为公开演讲进行声学设计，所以不太适合发表讲话。那一天，邓小平讲话时，尽管有麦克风，可是大家还是听不太清楚。

坐在下面的人很多都互相认识，大家开始寒暄。后来邓小平发现了这一点，但是他继续念完自己的讲稿，没有流露出任何不高兴。

问：您去探访过邓小平的家乡四川广安，到那里亲眼看了之后会更理解他吗？

答：到过那里一次之后，会有一些印象。广安不是四川最穷的地方，和重庆也有交通联络，可以坐船去；那里不是最偏僻的农村，也不是最穷的农村。他的家不算太富，虽然是地主，但只是小地主，我觉得算不上很有钱的家庭。……

问：这可以解释为什么邓小平后来与他父亲不怎么亲近？

答：邓文明（邓小平的父亲）平时很少在家，在别的小城镇跟朋友玩，邓小平跟父亲的关系基本上不算密切。父亲对他最重要的影响是支持他念书。可以说，他对邓小平的教育非常重视。还有他的前辈中出过举人——中国传统历史中，非常能干的人是当官的，那是最光荣的事。他在那个背景影响下上学，又赶上了辛亥革命。五四运动时，邓小平虽然是在中学，但我认为这种爱国主义的思潮对他的影响特别深。

问：一般这样家庭里长大的孩子，好像不太容易跟别人建立起比较亲密的关系。但是邓小平跟家庭成员的关系很密切。这是为什么？

答：邓小平的确和他的家人关系很密切，我估计他的妻子卓琳起了很特殊的作用。卓琳是云南宣威人，家里很有钱，虽然她和邓小平是打仗时期结婚的（在太行一带），但是中华人民共和国成立后她不工作——很多其他领导人的夫人仍在工作。我想卓琳是非常配合邓小平的工作的。邓小平的孩子们的确很爱他们的父亲，和他有非常密切的关系。虽然他不爱说话，但是他会笑、会理解，会跟孙子一起看电视。从很多照片就能看出来，他和家人的关系肯定是好的。

问：这种很亲密的家庭关系，在"文革"时期对邓小平来说是一个很大的支持？

答：非常大。卓琳能和邓小平一起去江西，我认为这要感谢毛泽东。……"文化大革命"对亲情的压力太大，对孩子当然也有压力，但他们基本不说父亲什么不好，即便最困难的时候。

虽然我没有机会跟卓琳谈话，但我能感觉她也是个很好的人，伍德科克（时任美国驻华联络处主任）的夫人跟我讲过一个故事：邓小平访美的时候，她一直陪着卓琳。有一次她们去卫生间，可是不巧卫生间的锁坏了，卓琳把自己锁在了里面，怎么也出不来。后来是伍德科克的太太从卫生间的底下钻进去，帮她把锁打开，她才出来。但是卓琳遇到这种情况也不着急，非常平和的性格。

"钢铁公司"

问：刚才讲到毛泽东和邓小平的关系，这很有意思，国内也有很多人在讨论这个问题。

答：邓小平是1904年出生的，毛泽东是1893年的，他们相差11岁。

……

邓小平的确是佩服毛泽东的。他在广西的起义失败了，但是毛泽东在江西的苏维埃成功了，邓小平认为这是一件了不起的事。他比毛泽东年轻，他看着毛泽东怎么指挥军队打仗、怎么部署战略、跟外国人怎么打交道。

……

问：很有意思的是，毛泽东知道邓性格很倔强，说他是"钢铁公司""绵里藏针"；后期毛泽东虽然对他有很大的意见，但对他的态度还是克制、有所保留的……您觉得这是感情原因，还是客观上必须依赖邓小平？

答：20世纪四五十年代以后毛泽东一直考虑邓小平当接班人——当然现在我也没有完全肯定，但是很多人都这样推测。1957年11月，邓小平陪同毛泽东访问莫斯科时，邓小平有理有据地驳斥了苏共的大理论家苏斯洛夫，这让毛泽东非常欣赏他。会议结束时他指着邓小平说："看见那个小个子吗？他非常有见识，前程远大。"……

观察毛泽东与邓小平的关系的确很有意思。1976年毛泽东快去世的时候，已经4月5日，还是要保护他一下。……毛泽东不仅保护邓小平，允许他留在党内，还为他提供了一些特殊关照。比如6月10日，邓小平通过汪东兴交给毛泽东和华国锋一封信，说卓琳为了治疗眼疾住院，最好能有一位家人在医院看护她，毛泽东批准了他的请求。邓小平6月30日也接到通知，可以从东交民巷的临时住处搬回宽街的老住处——几个月后，毛泽东就去世了，即便在弥留之际，他也没有完全放弃邓小平。

……

邓小平是"钢铁公司",脾气倔强,但毛泽东知道邓小平非常能干,对下面的事情比较了解,对政策也有系统的考虑。毛泽东知道他有才能,有判断的力量,……所以他也让邓小平做一些实际的工作。

问:1975年邓小平恢复工作、开始整顿的时候,一方面只有获得毛泽东的支持他才能继续工作下去;另一方面,他走的又是周恩来的路线。那时候他和周、毛之间的关系是不是非常微妙?

答:……周恩来对邓小平非常了解。他们早年一起留学法国。邓榕说:爸爸跟周恩来一直很好,没有什么矛盾。……从本质上讲,周恩来和邓小平没有什么根本的冲突,我想关于实现"四个现代化"方面,他们的看法是非常一致的。周恩来1975年住院的时候,邓小平去看他。周恩来去世,……一向感情不外露的邓小平在追悼会上致悼词时一度哽咽。他的确对周恩来是非常有感情的,也非常佩服他。

问:但是到了后来,邓小平的态度也比较强硬,毛泽东几次让他认错他都拒绝,这是什么原因?

答:对,他后来坚持不认错。所以,周恩来一直让他不要这么做,让他跟毛泽东说话不要太直率。我想他们性格不一致。

……

问:您肯定也熟悉这样一种观点,大家比较毛和邓两代中国领导人,他们认为最大的差别是邓小平16岁就到法国勤工俭学,他是比较早接触外部世界的领导人,而毛泽东恰恰相反。你同意这个观点吗?

答：我想，他16岁就出去，了解外国情况，也知道怎么跟外国人接触；他还在苏联待过，很了解苏联，所以他的经验非常多。去法国的一批人，周恩来、陈毅、聂荣臻他们不算是一"帮"，但他们更早地看到了外国，也一起学习、讨论，所以我觉得留学法国的人是非常重要的。他早期有了这样的经验之后，一直在学习、在发展。

1974年，邓小平在访问联合国的时候途经法国，待了几天，因为他早期在法国待过，隔了这么多年，这段访问经历对他的冲击应该很大。当时国内很多人并不知道外面世界真实的情况。……

思虑中国

问：在您看来，邓小平对"左"的思潮、对"文革"的反思是从什么时候开始的？

答：邓小平是非常了解情况的人。……他被下放到江西的时候，肯定已经对"文革"开始反思——以前可能也考虑过，但我没有完全的根据，我不能肯定。但是根据他和邓榕的谈话来看，在江西的时候，他已经开始反思。

问：当中国开始改革开放的时候，东欧、苏联也开始了他们的改革。但中国以经济体制改革为突破点的道路选择最后被证明比较成功。您怎么评价这一选择？

答：邓小平当时选择从经济体制改革入手，当时这个选择完全是对的。现在看中国的效果、苏联的效果、东欧的效果，我认为他做的是对的。

邓小平相信有必要在有力的经济改革中做出突破性的改变。他认为如果其他社会主义国家尝试在经济改革之前就进行政治改革，在经济上他们无法成功，接着政治体制将会由于太无力而无法像预想般做出回应。

此外他还坚持要逐步进行经济改革。显然他成功了。当然，中国拥有东欧国家所没有的其他优势：自1960年开始，指导建设独立国家的领导人是由本土选择的，而不是苏联指派的。同时也存在着历史悠久的精英社会管理体制的传统。

"总经理"

问：邓小平与许多意识形态相差甚远的国家的领导人能互相欣赏，您觉得他打动别人或者别人很佩服他的主要是什么？

答：邓小平跟几位美国总统私交都很好，比如里根、卡特、布什、福特（有些有完全不一样的看法），他们也都很佩服他、喜欢他。所以，邓小平的能力不仅仅是和某种人相处，而是与很多种类型的人相处。邓小平能跟这么多不同国家的人变成朋友，我觉得的确很难得。

我觉得他很直率，有时也很幽默。他不讲空话，别人会很容易了解他的目标。他这种性格与他的军人出身有关系；但在他的老家广安，也有人说他小时候就是很直率、很有自信的一个孩子，当然这方面的资料还比较少。

问：您多次强调邓小平不是一个总设计师，而是像一个企业的总经理。这怎么来理解呢？

答：设计师应该有一个"蓝图"，邓小平有目标，但是没有更详细的蓝图。他是一个政治的领导，是国家的总领导，所以我说是"总经理"。有的人说他"摸着石头过河"，看情况，要是成功了就可以再走，这当然是对的，但是我认为他有原则、有看法——更长期的看法他也有——所以他不仅仅是摸石头过河。

问：您认为邓小平当年访美掀起的革命的后果，在各个领域的影响都远远超过之前，这怎么来理解呢？

答：邓小平对中国应该走什么道路基本是清楚的：应该跟外国搞好关系，应该慢慢开放市场，但不应该马上取消国有企业，应该恢复高考，向外国学习，让很多人去外国，让外国在中国投资……很多方面，我觉得邓小平是对的。

问：邓小平当年放弃争议、注重实干的态度，为中国赢得了很多发展机会。可是也有人认为，因为没有一个关于法制、民主方面的长期而完整的想法，缺乏一个大的制度框架，这导致后面也出现了一些问题。您的看法是什么？

答：我想很多方面邓小平的道路也是想继续把制度建设好。比如考试制度、重视能干的人、培养干部、在规定的时间一个人应该退休，等等，这都是制度。

改革初期，正是"文革"后的拨乱反正，情况还比较乱，简单地依靠法治搞建设恐怕行不通。邓小平希望干部们能敢作敢为。当时的难处在于，如果对干部要求太严的话，就没有人敢做事。因为需要人干事，所以，邓小平有些让步。在我看来，当时他的政策是对的，搞改革开放发展经济，完全是需要的……。邓小平觉得最好每个地方、每个单位都有好的领导班子。通过改变任免干部和考核干部业绩的标准，邓小平使整个干部队伍的观念和行为方式都发生了巨大变革，官员们变得开明务实，以追求经济发展作为首要目标。

问：中国的改革开放明显地打上了邓小平的个人色彩，正如李光耀在新加坡一样。您怎么看待这种东方式的发展道路？

答：李光耀和邓小平都为自己的国家做出了极大的贡献。两人都显露出了强大的个人领导能力。但是李光耀是在剑桥大学学习的法律，英国给他的政府留下了一个非常发达的法律体系，在李光耀之下，新加坡有一个非常健全和相当独立的法律系统。

邓小平认为在过渡期，引领变革是需要大的灵活性的。因此在至少数十年里，给予当地领导团队很大的灵活性是必要的。他试图培养训练有素的官员，当他们在基层证明自己的能力以后就提升他们到高的职位。从长远来看，他相信法治，但是在短期内训练有素的官员必须适应快速的变化。他希望最终的法律体系能承担更重要的价值。

问：简单地讲，您认为邓小平给中国和世界留下的最大的遗产是什么呢？

答：邓小平让中国变成全世界的一个国家，而不是亚洲的中心；让自己的人学习全世界最好的办法来适应世界，来做更多的、更好的事情。

在我看来，外界对邓小平留下来的影响认识还不够。在提高如此众多的民众的生活水平这一点上，20世纪有任何其他领导人比邓小平做得更多吗？在20世纪，还有其他领导人能像邓小平那样，如此深刻、持续地影响世界历史吗？幸运的是，我的书得到越来越多的人的理解。最近还有一些英文的杂志要我写文章继续介绍他，我想影响会继续下去。

问：有人批评说此书的出版迎合了"中国热"，书中对邓小平、对中国的态度比较温和。您怎么看待这种批评？

答：我个人对邓小平是非常钦佩的。但是作为一个学者，尽可能达到客观准确是我的责任。我自己的想法是，我研究的目的不是批评，而是评论，尽量客观地写出邓小平所做的一切，是一个研究邓小平学者的职责。这也是我的原则。但是这不意味着我个人同意他做的一切。一些西方评论家由于我努力解释邓小平为什么这么做、他这么做的意义是什么，就不恰当地推论我是完全赞成邓小平的一切做法。

我也确信，与中国建立良好的工作关系、欢迎中国的积极分子作为利益相关者参与世界体系，这与美国利益相符。我的确在中国有一些朋友，我也祝愿中国取得成功，但是我也热爱美国。我认为自己作为学者的责任就是尽可能详尽客观准确地描述中国。虽然中国和美国都有一些人不同意我的说法，我相信一个追求真理的学者能够为世界做出很大贡献。即使有一些人并不希望听到真相。

（本文最初发表于《三联生活周刊》，为作者对傅高义的专访，此处为节选。）

周锡瑞

以中国为方法

自几年前从加州大学圣地亚哥分校（University of California, San Diego，简称UCSD）退休后，周锡瑞回到了他年轻时求学的地方伯克利居住。在盘山小路上绕行一段，找到周夫人叶娃给我们的地址，进入一扇表面上看并不起眼的小门，入门后拾级而上，我恍然发现里面别有洞天：各种植物葱茏繁茂，小院错落有致。周锡瑞教授早已站在那里迎接我们，身材高大的他站在房门口，令人顿生"顶天立地"之感。他说年轻时身高大约六英尺多（一百九十五厘米），"现在我缩小了"，他打趣道。蓄了多年的络腮胡几乎成了他的标志。有一年他和妻子叶娃约定，如果叶娃通过驾照考试，他就把蓄了多年的胡子刮掉。叶娃顺利拿到驾照，他也履行诺言。第二天清晨，一看到他的新形象，叶娃大呼："你还是留胡子吧！"于是这个留着胡子的形象就固定下来。

赴伯克利采访的那两天据说赶上了湾区难得的好天气。秋日的阳光毫无保留地倾泻而来，整个客厅笼罩在一片金灿灿的光影里。眼前的周锡瑞教授一口流利的汉语，全程无障碍交流，一度让我忘了他是一个"老外"。

"周锡瑞"这个中国味十足的名字，曾令很多中文世界里的读者以为他是"美籍华人"。"其实我还真很想做美籍华人呢。"周锡瑞笑道。22岁那年，他在哈佛大学本科毕业之后，去中国香港新亚书院读书一年，当时需要取一个中文名字。他的英文姓是Esherick，通常来说，要取"艾"姓，但他不愿意。"我一想到姓'艾'，就想到'艾森豪威尔'，他是共和党，是保守的，对中国不友好，所以我不想姓

'艾'。"老师们想来想去，说："反正你的英文名字叫Joe，（按照惯例）也是先读名字，所以我们就把你的名改为姓，就姓周吧。"我说："好的，我跟周总理同姓，要比和艾森豪威尔同姓好。这个名字比较有中国味。"从此，海外中国问题专家的谱系上增添了一个有分量的名字——周锡瑞。

2021年10月18日，作为美国加州大学圣地亚哥分校荣休教授的周锡瑞，与英国剑桥大学荣休教授鲁惟一（Michael Loewe）、南开大学中华古典文化研究所所长叶嘉莹一同获得"第六届世界中国学贡献奖"。"世界中国学贡献奖"创设于2010年，每两年评定一次，向为中国研究做出杰出贡献的学者致敬，是当下中国学研究的最高奖项。

"能获得这个奖我当然很高兴，也觉得非常荣幸，"周锡瑞谦逊地说，"不过，我与以往的获奖者相比，还有一定的差距。比如之前获奖的日本学者毛里和子、哈佛大学的裴宜理……他们都是大学者，出过很多大作，而我就是搞近代史的小人物……。不过中国能这么看待我和我的研究成果，我当然很高兴。"

因为不能到达现场，周锡瑞以视频的方式发表了他的获奖感言。他将自己对中国历史研究的贡献归功于1979年后中美学术交流的恢复，"开放的大门使我得以利用中国丰富的档案资源，开展实地调查，最重要的是能够与中国同行进行交流、并得到他们的指教"。

"我是1979年第一次到中国去做义和团研究的。到了（20世纪）八九十年代，去得更频繁了，基本上每年夏天都会去中国。在此期间，我认识了很多中国同行和中国朋友。我越来越感觉到，我们都是为了同一个目的，也许观点未必相同，但我们是真正地互相学习。回想在冷战时期，我们根本去不了中国，所以能够有一个真正的学术交流的时代和环境，我非常高兴。我也在很多学校作过报告，学生们特别想听一个外国人眼中的中国历史，那是一个真正交流的年代。这些交流让我在学术上受益匪浅，无论是别人给我介绍新的资料或者新的观点，对我帮助都特别大。所以我希望利用这个机会来强调学术交流的价值。"

周锡瑞的书房在其住所顶层的阁楼上，坐在书桌前，抬眼便可望见浩瀚的海洋——大海的那一端，是他研究了半个多世纪的中国。他曾被这片海洋隔绝，后来也曾成功跨越，如今因为疫情等因素，又暂时隔绝开来。"我已经有两年没到中国了……"他的语气不由得凝重起来。

这么近，那么远

1964年夏天，从哈佛大学本科毕业之后，周锡瑞去中国香港新亚书院学习一年。尽管在地理空间的意义上，他与中国大陆的距离已小得可忽略不计，但是那时仍然有一道"坚不可摧"的墙高高地筑在彼此之间。周锡瑞在香港那端，用望远镜遥看内地，"对面的深圳就是一个农村，不少人还在那儿耕田"。

很长一段时间，他只能这样，远远地凝视、观察着他的研究对象——那个仍然笼罩在神秘面纱里的东方大国。

1942年，周锡瑞出生于加州湾区的马林县（Marin）。父母都是当地有声望的建筑师。"我父亲的书房很大，有好多书，当然大部分是关于建筑的书，不过也有好多历史书。他对历史特别感兴趣，我们之间的谈话经常要谈到历史：过去是怎么样的，将来会怎么发展……"据周锡瑞回忆，父亲有一次和他谈话时说，一个建筑师，不论设计一幢房子、一座大楼，还是一个医院、一座图书馆，都得考虑到将来，而不仅是当下。周锡瑞打趣说，父亲的工作是"面向未来"，而自己从事的历史研究是"回忆过去"，"不过我们的工作有一个共同点，那就是关注社会发展"。父亲当年还告诫他："作为历史学者，你也要看将来是怎么样的，不过，要研究将来，必须研究过去。"

周锡瑞的母亲与他父亲一样，早年在美国宾夕法尼亚大学（以下简称宾大）建筑系学习。宾大以培养建筑师而闻名，中国第一批建筑教育家、建筑师——梁思成、林徽因[1]、童寯、杨廷宝等都毕业于宾大；著名的华裔建筑家贝聿铭1935年赴美留学，首站也是宾大建筑系。到了周锡瑞母亲上学的20世纪30年代，宾大仍然不允许女性学建筑，只在毕业时给她一个"艺术"专业的学位证书。包括周锡瑞的母亲在内，当时一共有三位女生在学建筑，她们联合起来向校方提意见：我们上的课跟男生一模一样，为什么给他们一个建筑学的文凭，给我们一个艺术的文凭？这是不公平的。

在她们的抗议下，宾大不得不让步，最终给了这三位女生建筑学学位。"所以我母亲是第一批收到宾大建筑学文凭的女性，"周锡瑞不无骄傲地回忆，"我母亲有主见，也非常有反抗精神。"对周锡瑞的成长更为重要的是，父母都是"世界主义者"。他们要求孩子们不仅仅要关心美国，更要关注世界——美国就是世界上的一个国家，世界上的其他国家也重要。

---

[1] 1924年6月，梁思成与林徽因共赴宾大攻读建筑学，但由于当时宾大建筑系不收女生，林徽因改入该校美术系，而主要选修建筑系的课程。

"所以我到哈佛大学读书的时候,根本没考虑研究美国或者是学美国史——我更想了解国际,了解世界。这肯定是来自家庭的影响。"周锡瑞在加州温暖的阳光下,回忆起往事。

不过,对那时的他来说,研究中国,多多少少有些偶然。

1960年,18岁的约瑟夫·埃舍尔瑞克(Joseph Esherick)——后来的周锡瑞,进入哈佛大学读书。作为一名自小在加州生活、从未到过东部的青年,周锡瑞对"东部文化"毫无概念。那时候的哈佛大学还不招女生,女生只能上旁边的拉德克利夫学院(Radcliffe College);吃饭的时候学生必须穿西装、打领带,十足的老派贵族范儿,"这和我之前想象的不太一样"。还有很多有趣的差异,比如在加州穿牛仔裤是再寻常不过的事,因为牛仔裤穿起来方便,脏了又容易洗;而在哈佛,穿牛仔裤是"时髦的标志",贵族学校出来的学生才穿。不过比起这些生活上的小差异,另一个发现令这位18岁的加州青年多少有点不安:他发现"那边的人"都挺聪明的,而自己是"西部的乡下人",跟不上他们。"我有点害怕:人家都那么聪明了,我怎么这么笨?他们怎么知道那么多,我就知道那么少?"

周锡瑞入学的1960年,也是美国历史上风云变幻的一年。这一年,43岁的参议员肯尼迪宣布竞选总统,挑战共和党人、时任副总统的尼克松。因为肯尼迪是波士顿人,所以他的竞选团队成员中很大一部分有哈佛背景,他们经常来哈佛作演讲或者辩论——后来很多人也变成肯尼迪政府的幕僚。周锡瑞还选过基辛格的课,虽然他并不喜欢共和党人,但是因为基辛格所谈的、所关心的是当下的热点,所以他仍被吸引了。

"那时的哈佛是一个很热闹、很有意思的环境,与(20世纪)60

年代后期反战的氛围是不一样的。我们都关心政治，关心一个新的时代的开始——刚当上总统的肯尼迪非常年轻，我们觉得未来充满希望、要面向世界。"作为这个"火热"时代中的一员，只有大国才在周锡瑞未来研究的考虑之列：印度、苏联和中国。

周锡瑞本来的专业是经济学。"新制度学派"的领军人物约翰·肯尼思·加尔布雷思（John Kenneth Galbraith）讲授的论经济发展的系列课程，曾激起他对印度的兴趣。可是随着肯尼迪的当选，加尔布雷思很快被任命为驻印度大使，而另一对研究印度的专家夫妇也转去了芝加哥大学，"印度"这个选项不得不从他的视野中排除。剩下来的问题就变成了在苏联和中国之间选择。

因为是冷战时期，了解苏联是非常重要的，所以周锡瑞选了几门苏联专家的课，也选了费正清的课。虽然当时中苏被视为一个阵营，但是周锡瑞发现，讲授这两门课的学者却有着微妙而有趣的差别。

一众苏联研究者中不少是俄国革命时期的流亡者，他们满腹牢骚，既不喜欢他们的研究对象苏联，也不喜欢同行——他们的课上充斥着对其他苏联问题专家的批评；对俄罗斯文学的赞赏勉强算是他们唯一的共同点。但教中国史、中国社会的教授就不同了，像费正清等人，很容易看得出他们非常喜欢中国，20世纪三四十年代他们在中国生活过，喜欢中国人，赞赏中国文化，喜爱中餐。尽管"中国也在批评'美帝'，但他们一直对中国抱有美好的回忆，也期待有朝一日中美能够恢复外交，他们能再到中国。"对周锡瑞来说，"研究一个你不喜欢的国家没有太大意思；你喜欢一个国家，你喜欢一个文明，你喜欢它们所承载的文化，研究这个国家，那才有意思。"

被视为第一代中国问题专家的费正清与另一位著名学者、后来出任驻日大使的赖肖尔，共同主持东亚研究。当时的研究方式，大多是以中国和日本作对比参照，"日本是怎么通过明治维新走上工业化道路，直至后来走上军国主义之路、又在战后成为民主国家的；相较之下，中国走了不同的路径……当时的课程设置一直做这种中日对比"。

"费正清人长得高大，是非常有威望的一个人。他讲课也挺有条理的，很容易看出来他的逻辑。"除了智识部分，其实周锡瑞这些学生们更被打动的，是费正清对他的研究对象——中国——付诸的情感。周锡瑞回忆，费正清为这门课准备了很长时间，每次讲完课，他还会为学生放有关中国的幻灯片，"不像现在，放PPT都是讲课的时候同时放，他是讲完的时候单独花时间给学生放，那些幻灯片都是他在中国时期收集的"。在中国与世隔绝的时代里，费正清用这种方式，让学生们建立对中国这个神秘东方国家的认知。

哈佛的学生管这门课叫"稻田课"，"我也不知道为什么叫这个名字，可能是因为中国和日本都是稻田国家，以吃米饭为主"。选"稻田研究"的学生不少，仔细分析，一部分人对日本的兴趣源于二战；而对中国的兴趣，则相对复杂些："从国际上来说，中国和苏联都是共产主义国家，但他们彼此不一样，关系又恶化；'从国内来说，中国自己也在变化'，所以就好奇想知道是怎么回事。"

1962年，周锡瑞开始学中文。"那时很少有本科生学中文，所以我的同班同学都是研究生。"担任他们中文老师的是赵元任的女儿赵如兰，她的丈夫是航天专家卞学鐄，所以同学们都喊她"卞太太"。"我们用的中文课本是赵元任写的，我们也知道赵老师是赵元任的女儿。但对赵元任的影响和他在中国近现代文化史的地位了解得还不够。"

选择中国作为研究对象肯定是个挑战,"大家觉得语言太难、太复杂,需要花的时间太长,所以没有那么多人去研究中国"。为数不多的学生当中还包括后来成为著名中国问题专家的哈佛大学教授傅高义。当年接受笔者采访时,熟悉中国的傅高义打了这样一个比方:"虽然我们的规模很小,但在培养人才方面,很有些类似中国1977年恢复高考时的历史语境。"

从哈佛学派出走

时至今日,周锡瑞毫不犹豫地承认费正清对他走上中国研究之路的影响。但是很快,他对费正清及其所代表的"哈佛学派"产生了疑虑。

20世纪50年代,早年与中国介入颇深的费正清正遭受"麦卡锡主义"的打压和迫害。从政治漩涡中全身而退后,费正清愈加感到美国乃至整个西方社会对近代中国缺乏认知。他后来回忆说:"在中国问题上回击'麦卡锡主义'必须依靠教育。由于在所谓'失去中国'问题上我受到公开的指责,因此我便下定决心,持久地负起教育美国公众的义务。"费正清计划在哈佛大学筹建近代中国研究项目。1955年,日后非常有影响的哈佛"东亚研究中心"正式成立。与以古代中国为对象、以古典文献为研究重心的欧洲汉学相比,费正清所创立的中国学研究,更关注近代中国的历史发展变迁。

学者沙青青后来总结说,因为得到充足的经费保障,在费正清担任首任所长的十八年间,中心先后培养了二百余名学生与研究人员。

至20世纪70年代，哈佛毕业的东亚研究学者几乎占据了全美七八十所主流大学的相关讲席，而所谓"哈佛学派"（Harvard School）也因此而盛名于江湖。

"冲击－回应"是费正清的重要观点。按此基本模式，中国现代化之所以迟缓和一再失败，归根结底，不是由于帝国主义的侵略，而是中国本身的传统文化特别是儒家或儒教不能适应现代工业社会的要求。比如费正清的学生、耶鲁大学的芮玛丽在《同治中兴》一书中声称，"现代化的要求与儒家稳定的要求背道而驰"，这种提法通常被视为费正清学派论文的典型代表。

到周锡瑞读书的时候，费正清及其弟子形成的"哈佛学派"虽未像后来那样在美国学术界成为研究中国问题的"半壁江山"，但是也已初见形态和规模。除了被费正清推荐到伯克利的列文森，该学派的重要学者还有哈佛大学的史华慈（Benjamin Schwartz）、耶鲁大学的芮玛丽以及在密歇根大学历史系执教的费维恺（Albert Feuerwerker）等。

"中国研究当时在美国基本上只有两个学派：一个是以费正清为代表的'哈佛学派'；另一个是以乔治·泰勒（George E. Taylor）为代表的'华盛顿学派'，他们比较保守，冷战时期，反对'亲共'的那些人大多来自'华盛顿学派'。我们视他们为我们的斗争对象。"周锡瑞回忆道。

在哈佛学习几年之后，周锡瑞认识到，无论是上的课还是课后读的参考书，都离不开他已谙熟的"冲击－回应"的框架。"临近毕业、到了该选择去哪里继续深造的时候，我就在考虑，费正清的路子我是比较懂的。如果我继续留在哈佛做他的学生，我也要跟着他的理论走，跳不出这个路子。"

假期回加州时，周锡瑞拜访了在伯克利任教的列文森。作为费正清的得意弟子，列文森当时已在学术界崭露头角。据周锡瑞回忆，他在哈佛时读过列文森写的《梁启超与中国的近代思想》，相比后来的那本"特别玄""特别难读"的《儒教中国及其现代命运》，"梁启超那本还比较好懂"——在第一、第二代中国研究学者的著作当中，人物传记占了很大的比例。用另一位著名学者黄宗智的话说，"有的论著写得很玄，以丰富的想象力来弥补资料的不足"，列文森的两部名作便是例子。"列文森的著作在海外被誉为'辉煌的贡献'，其价值不在于资料的搜集与钻研，而在于他的一些观点被不少人誉为'敏锐的观察'。"

虽然从方法论上说，列文森也是费正清的正宗弟子，但周锡瑞很明显地感受到费正清与列文森这师徒二人的不同风格。"列文森特别聪明，思维很发散；话题非常多，也都不是一个方向，不太容易理解——相比之下，费正清的表达逻辑特别清晰，也很容易理解。但列文森让你感觉，你不知道他要到哪儿去，我就觉得这人太聪明了，知道的太多了，我跟他学能学到好多东西。而费正清，我觉得我基本上知道他要讲什么、要举什么样的例子。所以到那个时候就已经有了倾向性。"不久，周锡瑞顺利拿到伯克利的奖学金，顺理成章，他去了伯克利。

风云激荡的伯克利

1965年的伯克利校园并不宁静，反越战运动如火如荼，23岁的周锡瑞成为其中的一分子。

说起来,这与周锡瑞当年在中国香港学习期间的一段特殊经历有关。作为从小在加州长大、喜欢户外运动的青年,香港对他而言太过局促。所以到了假期,他就想着去哪儿"放飞一下自我"。当时,越南战争已经爆发,但外界对这场战争的认识尚不清楚,"反正是反对美国的、也是一个类似于中国的农民式的战争",他觉得这件事有意思,应该去看一看。父亲帮他联系了《旧金山纪事报》,对方同意他以"海外记者"的身份报道越南战争。周锡瑞拿着这封信找到美国的军人新闻处,拿到了记者证。

"有了记者证,就可以到机场等,那里有军用直升飞机,如果一架飞机有空位置能带上记者,我就可以跟着他们一起去某个地方。"周锡瑞后来在《旧金山纪事报》上发表了几篇关于越南战场的前线报道。这段为期一个半月的战地记者经历并没有让他从此走上另外一条道路——像当年费正清的另一名弟子白修德从此成为著名记者一样。

周锡瑞笑着否认了这个念头,他形容自己是慢性子。"我是什么都慢,说话也慢,想东西也慢,要好好思考。"他自谦道,"记者这个工作要脑筋转得快,我是慢吞吞的,所以还是做学者吧!"

周锡瑞在越南期间写了几篇报道。"那个时候我也不能算反战,只是觉得这个仗打得不好,也打不赢。"回到伯克利之后,恰好列文森的一个学生专修越南史,之前也是一位军人,周锡瑞的经历引起了他的兴趣。"人家说看过我的文章,你也是反战的,来参加我们的活动吧!我不好意思说我不是反战。不过,后面逐渐觉得这场战争肯定是打不赢的,也是受那位学生的影响和指导,就参加了反战运动。"

有趣的是,这并不是周锡瑞第一次参加学生运动。去哈佛读书的第一年，哈佛决定把毕业证书上的拉丁文改成英文，这遭到了很多学生的反对，他们组织活动，抗议这个决定。"我们说耶鲁已经把毕业证书改成英文的，我们才不要，我们是哈佛，是老大，一定要保持我们的'哈佛特色'，还要继续用拉丁文。我中学就学了拉丁文，为什么要用英文？……那是闹得比较厉害的一次学生运动。"周锡瑞后来评价说，他参加的"首次"社会运动不仅失败了，而且完全是一场"反动的"运动。

后来在伯克利参加的反越战行动，则是严格意义上"真正的"学生运动。虽然周锡瑞解释说，他参加的组织并不是最激进的那一派。但这种"高度自下而上"的学生反战运动，让他了解到一场成功的"社会运动"需要大量琐碎且耗时的基础性工作：起草和印刷，张贴海报，在学生中分发传单，说服学生和其他人加入，动员人们参加游行，在队伍里维持纪律……这让他后来研究群众运动、社会动员、基层建设时有了更深刻的体会和认识。周锡瑞后来说："当我研究中国史上类似的社会运动时，我总会想到当时的经历。"

实际上，20世纪60年代的这股社会思潮给周锡瑞及其同时代的学者带来的是更为深刻的，甚至持续终身的影响，是研究范式上开始走向"社会史"的方法论。"我们对外交事务、国家领袖和知识精英等已经没有研究兴趣了。我们想要研究的是'人民'。"

"这种新倾向一方面反映了现代西方史学一个普遍的潮流，另一方面也反映了（20世纪）六七十年代美国青年对侵略越南的战争的普遍批评和抗议。在反越战的大潮流中，许多青年接触到比较进步的思想，对民众运动表示同情，因此把研究主题转到民众的历史。"著名学者黄宗智曾这样评价。周锡瑞也回忆说，当时中国研究领域里社会史的兴起，也和类似的兴趣日益增长有关。"这又相应地和我们反对越南战争，对民族解放运动的同情有关系。我们看到，这些运动高度依赖人民的支持，由此我们就希望理解革命运动的社会基础。"那时候熟读韦伯和马克思，成为学术上的必要。

1968年，26岁的周锡瑞将他的博士论文研究题目选定为中国近代史的大事件——辛亥革命。这是他实践社会史方法论的初次尝试。在博士论文基础上形成的专著《改良与革命——辛亥革命在两湖》于1976年出版，不仅成为辛亥革命研究的力作，也被视为新一代中国研究学者研究范式转变的典型案例。

对大陆读者来说，辛亥革命题材的书籍可谓汗牛充栋。但重读这部写于半个世纪前的学术著作，仍然惊讶和感佩于周锡瑞扎实的数据以及对局部的细致描述，特别是考虑到他当时根本无法来到中国进行实地调查。比如在开篇对革命爆发地武汉的介绍中，他耐心细致地介绍这一地域的特点，包括航运能力、贸易额、人口、矿产……比如讲到汉口，他是这样写的："从湖北北部顺汉水而下，河南和陕西运来豆类、小麦、棉花和皮毛；顺长江而下，从四川和云南运来鸦片、茶叶和各种蔬菜及木本油类；从湖南，通过沅江和湘江一直注入浩瀚的洞庭湖，从那里顺长江而下，运来大米、煤炭、茶叶和木材。"

"这些都是书面的材料，怎么样找到它们，也要回到社会史的方法论上。要搞社会史，就要看这个地方的经济体系是怎么样的、交通轨道是什么样的，到底出产什么东西，或者有什么样的产业工人……所以主要是历史方法决定了要找的这些材料。"周锡瑞回忆称，当时的材料相当一部分来自日本外务省的海关记录——材料和数据一直都存在，只不过是他的新的社会史的研究方法重新激活了那些看似冰冷而毫无联系的数字,让它们在新的视野下有了意义和价值。

关于辛亥革命的传统历史叙事,大多将焦点置于孙中山等职业革命家、他们在海外的宣传组织以及在中国发动的若干起义上面。周锡瑞则运用社会史的研究方法,更注重从内部寻找革命的根源。在他的分析中,湖南、湖北的辛亥革命过程是乡村和城市的民众运动、分化了的士绅阶级和新兴的社会势力团体之间相互作用、相互冲击的一个过程。他特别强调所谓"都市化"了的改良派士绅阶层所起的作用。著名历史学家章开沅很早就注意到周锡瑞的这部著作,并力荐国内翻译出版。他在1981年为中文版写的序言中评价道:"他(周锡瑞)敢于摒弃以往美国某些权威性中国近代史著作中的传统价值观念(其中有些可以说就是陈旧的西方偏见)。""从经济利益得失的角度来分析当时社会各个集团政治情绪的变化,以及它们相互之间的关系。"

接触中国

作为中国的研究者,周锡瑞从自己身边感受到的变化发生在1972年——随着美国总统尼克松访问中国和《中美联合公报》的发表,中美之间结束了二十多年的对立格局。这一年5月,应周恩来总理的邀请,作为中、美两国建交后第一批美国历史学家代表团,费正清等一行六人来华访问。中国和中美关系渐渐变成一个话题。应出版商之邀,周锡瑞与同事夏伟合作了一本《现代中国:一部革命的历史》(*Modern China: The Story of a Revolution*)。这部向美国中学生介绍中国的书，却成为美国派往中国代表团成员的参考书。

中美之间的坚冰在悄然解冻。很快，周锡瑞又参与了另一项特殊的工作：帮助谢伟思（John Service）整理出版他当年的外交记录。谢伟思是活跃在近现代中美关系史上的重要人物。他出生于成都，父亲是一名传教士。作为美国外交界公认的"中国通"，谢伟思曾担任中缅印战区美军司令官史迪威的政治顾问。1944年，他作为美国军事观察小组（迪克西使团）成员到访延安，在三个多月的时间里与毛泽东等中共领导人进行了多次谈话，向美国方面发回大量他对中共及中国局势的观察与分析报告。1949年，中华人民共和国成立之后，谢伟思成为"失去中国"的替罪羊，在国会不断地接受各种质询。周锡瑞说，虽然当时费正清也在"麦卡锡主义"盛行时期被卷入漩涡，但哈佛大学给他提供了某种程度的保护；谢伟思则不同，他的外交生涯就此中断，"是麦卡锡主义真正的受害者"。这位曾参与国共以及中美之间重大历史事件的见证者，后来委身于伯克利的一座小图书馆。

直到1971年，谢伟思夫妇应周恩来总理邀请，时隔26年重新踏上中国的土地。重新挖掘和整理当年那些史料成为当务之急。据周锡瑞回忆，在麦卡锡主义时期，谢伟思已经写了很多汇报材料，有了这些基础，其他有所欠缺的，周锡瑞就到国家档案馆继续查找。材料搜集齐全后，他再与谢伟思讨论相关材料的背景。周锡瑞经常与谢伟思聊天，了解他当年在中国参与的那些政治事件的背景，谈论当时的延安是怎么样的，聊他与毛泽东、周恩来等中共领导人的交往……

"谢伟思为人特别好，他对自己的遭遇一点怨气都没有，只是'过去的事情就过去了'这种态度。"后来去伯克利求助于谢伟思的，也有很多反对与中国建交的人，但无论谁来求助，他都慷慨地提供帮助。

周锡瑞编纂的谢伟思1941—1945年所拟电稿及备忘录于1974年出版，题名为《在中国失去的机会：第二次世界大战期间谢伟思文电稿汇编》(*Lost Chance in China: the World War II Despatches of John S. Service*)，书里保留了许多国民党与共产党对峙时期美国对华关系的珍贵资料，成为研究20世纪40年代美国对华外交的重要史料。"说实在的，感情上说，我所出的书中，这一部是让我最高兴的，因为我觉得多多少少帮助了一个好人——一位真正的受到迫害的好人。"

1979年1月1日，中、美正式建交。不久，美中学术交流委员会组织了学术交流活动。周锡瑞一听到这个消息，赶紧提出申请。很快他就获得通过成为第一批来中国进行历史研究的美国学者之一。"我们那批人，有的已经教过几年书，有的还是正在上学的研究生，终于有机会去中国，当然都非常高兴。"当时37岁的他，身份是俄勒冈大学历史系副教授。除了周锡瑞，第一批来华的学者还有黄宗智、裴宜理（Elizabeth Perry）、贺萧（Gail B. Hershatter）等，他们后来都成为海外中国历史研究的中坚力量。

"第一批学者多多少少都有点'左倾'，是亲中国的。不过我自己觉得，最重要的原因是，我们都是比较年轻、特别想去中国的学者，看看中国到底什么样。"当时也有学者觉得周锡瑞他们太冒险，"中国那边会不会让你们看到有价值的东西？我们还是等一下再说吧！"等到第一批学者找到不少史料带回美国，取得的成绩有目共睹，而中国国内的学术环境也日益开放之时，之前持观望态度的一些人加入了第二批来华的学者队伍，中、美之间的学术交流也慢慢开始正常化。

周锡瑞直接申请去山东大学。在他看来，之前做的辛亥革命研究有一个缺憾，"因为辛亥革命主要发生在城市里，起作用的主要是城市精英,而中国80%以上的人口是农民,我希望探讨革命和农民的关系"。周锡瑞的本意是想接着做有关中国农村方面的社会史研究,特别是研究华北平原农村经济,但他也意识到,如果涉及这个方面的研究,主要资料来源于日本当年做的调查,不太会被中国方面接受。而毛泽东提出义和团是中国近代史"八大事件"之一,大概会比较容易被接受,于是他就临时报了一个关于义和团的课题。

此前,周锡瑞已经间接看到《文物》杂志上的一篇文章,文中提到山东大学早在1960年就在山东的一些乡村做过有关义和团的调查。这也是他决定申请去山东的另一个考虑。他后来在接受媒体采访时回忆,当年9月一到山东大学,他就向校方提出看资料的要求。但对方总是回答"要考虑""要研究""要请示"。闲不住的周锡瑞看不到资料,就骑着自行车到处逛、到处拍照。"很快,学校有位领导就来找我谈话,他特别有耐心,和我谈了很久。我说我就想看资料,给我资料看我就不乱跑了。"

回顾起来,周锡瑞也理解当时中国方面的顾虑。"那时候,中、美刚刚建交,他们还不知道该怎么对待我们这些'老外'。大家都是第一次碰到这种情况:一个会说中文的美国佬,跑来要看中文资料,不知道该不该批准。这就像两个人刚开始交朋友,对于如何相处,大家还没有经验,还没有找到合适的相处模式。"有趣的是,当周锡瑞获得第六届"世界中国学贡献奖"的消息公布之后,有人在山东的媒体上发表了一篇文章《厉害了,周锡瑞同学》。作者是当年山东大学历史系的学生,他是这样回忆周锡瑞的:"那时候学校的外国人少。1979年秋天入校不久就在山大校园看见一个常常骑着自行车奔走的'洋鬼子',微黄色的头发,乱蓬蓬的,高鼻梁上架着一副金丝边眼镜。

那时国内的眼镜基本都是黑色或白色塑料框架，所以他的辨识度极高。"他还回忆说，周锡瑞喜欢打篮球，经常与同学们同场竞技，"虽然打篮球的技巧水平不怎么高超，却凭着身高优势，常有分数进账。与他同场竞技的同学说，也不知周锡瑞当时多大年龄，但他的体质好，跑得贼快"。

1980年春天，山东大学方面突然通知周锡瑞可以看资料了。周锡瑞终于得见20世纪60年代山东大学历史系师生深入鲁西、在当年爆发过义和团运动的地区遍访当地农民所做的原始采访记录。"山东大学历史系向我慷慨提供的这些记录稿，对我重新探索和构建义和团的早期历史是不可或缺的材料。正是从这些资料中，我第一次得以从农民的角度了解这次大规模的中国农民运动。"

不过，得到一手材料并非万事大吉，从某种意义上讲，更重要的还要学会甄别。当年周锡瑞面对那批材料时意识到，这批早在1960年做的调查材料，有深刻的时代烙印。"比如虽然材料上只有农民的回答，而没有提的问题，但一看回答，就知道他们的调查提纲，肯定在问'教民是不是都是富农、地主'，调查阶级背景之类的。农民们都比较实在，是就是，不是就不是。所以对哪一个材料都要保持一定的怀疑，我后来教研究生也是同样，他们给我来一篇稿子，里面引用了一些材料。我就会反问他们：'这个材料可信吗？'"

周锡瑞也并不满足于这些书面材料，还是一心想亲自到义和团运动主要发生的那些乡村走访，"看看村子到底有多大、有多少姓、产什么蒜、是富裕还是贫穷……"，他的脑袋里有无数个问题。在他持续的要求下，接待方终于被他的坚持所打动，最终同意他去农村。

对接待方来说,也是第一次与来做实地调查的外国学者打交道,对如何接待、怎么安排他们去做研究也毫无概念。到了地方,这种茫然无措更甚。周锡瑞就发现了一个有趣的现象:每到一个地方,都会有一张崭新的床,床上铺着鲜艳的粉红色床单,床单上面赫然放着一包烟——"然而我是不抽烟的",再有一个洗脸盆,到下面的县里几乎都是这样的"标配"。周锡瑞揣测是否上级单位对此有统一的指示。

等到周锡瑞被允许下农村,已经是五六月份、开始割麦子的时候。对村里的干部来说,突然来了这样一个到处调查找人聊天的老外,真是个不大不小的麻烦。周锡瑞发现,每到中午吃饭时,陪他的村干部就一个劲儿地给他敬酒,设法把他灌醉,他明白了对方的"小心思":希望他喝多了下午睡上一觉,他们要利用这段时间出去割麦子。"他们敬酒的时候,我尽量喝少一点;或者要一杯茶,多走走路。"回忆起当年"斗智斗勇"的经历,周锡瑞也忍不住笑了。周锡瑞认识后来成为他妻子、彼时还是俄勒冈大学的中国留学生叶娃的时候,叶娃说周锡瑞说的是满口"大葱味"的山东话。

当年山东大学历史系的学生,也对这位金发碧眼的老外的吃苦精神印象深刻。因为义和团运动多发生在偏远的经济落后地区,交通不便,从济南去一趟得转好几次长途汽车,耗时大半天。有一次,周锡瑞与他们一起去河北魏县做调查,"魏县桃酥的硬度达到砖头级,他们将桃酥作为玩具,在大街上掷来掷去,先打中者为胜方"。虽然周锡瑞当年比这些本科学生大十几岁,但他给同学们的印象却是一个"步履轻盈、健步如风的小伙子",所以大家都愿意喊他"同学"。四十余年过去,"在同学们的记忆里还是那个骑着自行车、斜挎书包、冬天戴一顶黄色军帽,穿行在山大校园里帅气、和气的周锡瑞同学"。

能进入中国、脚踏实地地在山东进行义和团的调查和研究,对周锡瑞来说,实属占尽天时地利人和之便。他也将地方史的方法论发挥得淋漓尽致。比如他将胶东、鲁西南和鲁西北地区分开进行调查分析。义和团主要爆发于鲁西北,作为山东最纯粹的农业区,鲁西北特别容易遭受天灾,所以这一地区经济极端萧条,普遍贫困;而水灾之后的流行病,又使得以看病行医为主要活动的神拳得到机会;习武一方面使秘密宗教简单化,另一方面也吸引了不同阶层的成员。由于排外普遍,刀枪不入的神话极富有吸引力和传播力。大刀会则多发生于鲁西南。鲁西南遭受水灾较少,相对繁荣;不安定的环境导致各村庄只有自我保护,内部联结反而紧密;参加大刀会的多是有地的人——穷人没有参加,因为他们无家可保。

周锡瑞的《义和团运动的起源》一书,不但对19世纪山东的社会、经济结构进行了区域性分析,对中、西文化的冲突进行了深入的历史溯源,还纠正了当时甚为主流的一个观点:义和团由反清到扶清的立场转变。他用大量翔实的材料证明,义和团运动从一开始就是一场勤王运动。《义和团运动的起源》于1987年出版后,立即受到学界的高度评价,它先后获得美国"中国学"研究的两个最高奖:美国历史学会的费正清奖和亚洲研究协会的列文森奖。至今,它仍是义和团研究领域的重要著作。

因为采用地方史和社会史的工作方法,周锡瑞也面对一些质疑,比如他缺乏从清政府的角度来看义和团,未能讨论他们的内部斗争等问题。

周锡瑞坦然面对这些问题。他说，清政府精英阶层的官方文件，首先不是他所做的历史研究；其次，"我觉得太难接触到可信的材料"。在周锡瑞看来，野史或者回忆录之类的材料，涉及宫廷里的各种内部矛盾和斗争，谁在斗谁、为什么？这很难判断，"回忆录又不大可靠，都是为某一方面在做辩护"。周锡瑞说，之前他也看到过张之洞与一位英国领事的会谈记录，张之洞向英国人抱怨满人专制而无能，让义和团造成国家大乱，导致他的改良受到极大影响。"但中文材料里根本不可能看到张之洞跟一个外国人说这样的话，"周锡瑞转而又说，"当然这种历史也必须研究，不过这不是我的长处。"

关于义和团的研究，也难免有令周锡瑞遗憾之处："这是一次重要的民间运动，应该好好地去研究它、理解它。我1980年去农村做调查的时候，已经多多少少有点收获了，应该再继续那样做，再重新做20世纪60年代曾做过的农村调查——比较客观的、不带有什么目的的。在我看来，历史学家做研究，最主要的目的不是为了评价——那是媒体或者政治家去做的事。我们历史学家……就实事求是地去调查到底发生了什么，这是最重要的。"

"第三代"的继承与超越

1969年，周锡瑞在中国台湾为完成有关辛亥革命的博士论文查找材料期间，接到魏斐德的电报，得知列文森在一次事故中意外溺水身亡，32岁的魏斐德成了他的导师。

"我算不算第三代（美国中国学学者）还得考虑：我可以算费正清的学生，也可以算他学生（列文森）的学生，也可以算他学生的学生（魏斐德）的学生。"周锡瑞不无幽默地"盘点"。这三位著名的中国研究学者留给他的记忆虽迥然有异，但都鲜活深刻。

费正清古典贵族式的雍容大度和大家风范令周锡瑞终生难忘。1972年，周锡瑞写了一篇《帝国主义的辩护士》，批评费正清的"冲击－回应"模式。"现在看来，我的文章有点政治化了。"周锡瑞坦承。但费正清并不介意弟子的"造反"，"每次我出书，收到的第一封祝贺信一定是来自费正清的"。让周锡瑞印象深刻的，还有一次在哈佛举行的学术会上，一位"二代学者"言辞激烈地批评一位年轻的学生。费正清见状中途离开，再也没有返回现场。"他后来写纸条让人喊我到他的办公室，我们谈到这个话题，费正清说：我四十年前也曾那样批评过一个学生，但我再也不会那样做了。意思是他要是不同意谁的观点，他也会说，但决不会伤害对方的自尊心。"

在周锡瑞眼中，作为费正清得意弟子的列文森"是一个纯粹的知识分子"。"虽然只跟他学了两年，但我觉得他的知识特别渊博。作为导师，列文森是很随性的一个人。'你要做辛亥革命，好吧！写一个提纲。'我不记得他对我的提纲有什么特殊的建议，反正他也知道，我当时还没看什么资料，也还没形成什么观点，所以让我先去看资料，回来的时候我们再谈。"

魏斐德的风格则不一样。"如果你问他同样一个问题，他的回答永远是'我不知道'。接着，他会问你很多问题，直到你有了答案。他首先会问：你对什么感兴趣？你手头有何种资料？接着他会不厌其烦地和学生探讨他们的各种想法。他总要问学生对研究题目有何构想,将采取什么方法。他总会鼓励学生说'那会很有趣'。他总是在发掘学生的创造性,总是让学生自己做最后的决定。"

无论是列文森还是魏斐德,都是生前及身后赢得极高赞誉的学者。特别是列文森,甚至有人以"天才"誉之。谈及这两位大家,周锡瑞说:"他们的性格特别不一样。列文森是比较'温柔'的一种人,说话声音不大,和他交流能感觉他正在认真思考,想得比较多;魏斐德喜欢大笑,喜欢讲故事,脑筋转得特别快,思维特别发散,有时候不知道他会想到哪儿去。"尽管性格不一样,但魏斐德对列文森也非常钦佩。列文森去世之后,魏斐德花了很长时间看列文森生前的信件,整理他的材料。

魏斐德成为周锡瑞的导师时,刚刚完成他在伯克利的博士论文《大门口的陌生人:1839—1861年间华南的社会动乱》。周锡瑞说:"他是我们所有人期望效仿的榜样。"有意思的是,周锡瑞与魏斐德最初本是列文森门下的师兄弟,两个人年龄相仿,又有共同的哈佛背景,虽然没有挑明,但彼此之间多少有着潜在的竞争关系。所以当魏斐德在列文森意外去世而突然变成周锡瑞的导师时,两人的关系最初还经历了一段颇为微妙的时期。

魏斐德很喜欢讲某年冬天他与周锡瑞外出滑雪的故事——若干年后,魏斐德第一次见到周锡瑞的夫人叶娃时,他的开场白是这样的:"你知道吗?你丈夫想杀掉我!"当时叶娃并不认识魏斐德,听得莫名其妙。原来某一年,魏斐德一家与周锡瑞相约滑雪,滑着滑着遇到了一个很陡的地方,周锡瑞与魏斐德的儿子们擅长滑雪,两个孩子没有犹豫,跳下陡坡继续滑,周锡瑞也跟着顺利滑了下去。但魏斐德显然没那么擅长,他摔了一跤,又摔了一跤……周锡瑞耐心地扶着魏斐德一路下了山。

北岛在纪念魏斐德的文章里，也记述了这个故事：魏斐德退休的时候，朋友们为他操办了一个相当温馨的纪念活动，主持活动的即是周锡瑞。在这个聚会上，滑雪的故事再次被提起。魏斐德说，自从周锡瑞扶他下山后，师徒二人的关系就颠倒了。

"这个故事被他讲得有些戏剧化。"陷入回忆的周锡瑞微笑起来，"魏斐德喜欢讲故事，他也喜欢讲这个故事，可能这对他来说是一个比较重要的转折点。""我们都承认，某种程度上互相之间有一点竞争的心态在里头。我在想'我还能比得上你'，他觉得'我是老师，你是学生'，我比你知道的多。"时至今日，周锡瑞坦然地讲起他和魏斐德之间的微妙的关系和心态。"后来我们成了好朋友，再谈起这些事就觉得有意思，不过我们俩性格大不一样，他脑筋转得快，特别聪明；我也不见得那么笨，不过我脑筋转得没他那么快，想东西要想半天才能想通。"

"魏斐德的地方史研究贯穿着一种全局的大视野。"周锡瑞对这位亦师亦友的同行不吝赞美之辞，"他对细节和逻辑的关注，他对相关社会科学文献的广泛了解，都强烈地影响了我。魏斐德的研究在很长时间内一直是我在地方史研究中效仿的对象，做两湖辛亥革命和义和团研究的时候都是如此。"

当被问到在老师的基础上有什么超越之处，周锡瑞非常谦逊地说："不能说超越，我只能说我们之间的不同。"他说，尽管他们做的都是社会史，但更细致的区别是，魏斐德主要是做大城市，尤其是上海的研究——写了著名的关于上海警察的三部曲，"他所利用的档案，是上海档案馆和租界的档案；而我主要是做农村，以地方档案为主，所以我们路子不一样。不过我们经常交流，觉得我们的角度能够互相补充。如果他在上海找到什么东西，我在农村找到什么材料，我们都互相沟通，彼此都很兴奋"。

到目前为止，周锡瑞最满意的作品还是《义和团运动的起源》。虽然他推出了研究陕甘革命的新作，但是还要等一段时间才能得到外界的评价。从辛亥革命的以城市为单位的地方史，到义和团是以县为单位的，在这本新书里，周锡瑞把他的社会史的工作方式进一步推向极致——细化到以"村"为单位。

当年海德格尔便提出，阐释之难，难在不谈整体，便难言局部；不谈局部，又难见整体。从某种程度上说，周锡瑞也面临这环环相扣的"阐释的循环"之悖论：如何平衡地方史的微观调查与对一个国家的整体的描述和判断这样的"大问题"？他坦言这是一个难题。他提到有一次在学术研讨会上，著名学者孔飞力（Philip A. Kuhn）也参加了。"快结束的时候，他就说你们都在搞地方史，中国何在？你有江西井冈山的山区，你有华北平原，有这个地方那个地方，关键整个中国在哪儿？所以这个也对我们是一个很大的挑战。"

不过，周锡瑞还是坚定地为他一以贯之的社会史的方法论辩护。"总的来说，我觉得要搞社会史，就必须得搞地方。"他说，之前有太多的海外中国研究是看"整个中国"，而"中国是一个整体，这个整体是国家体制、是一个大'帝国'；（中国古代）它有一个皇帝，有一层一层的巡抚、县长等官吏……这个体制是全国性的，他们之间用文字沟通，文字是统一的，他们都通过一种官方话语来沟通；官员们都是经过科举考试选拔上来的，也是全国统一的，也有一个共同的理论体系。不过对一般老百姓而言，一方面他们不是通过写字而是通过说话沟通,而各个地方的方言以及风俗习惯也不同。'礼'是统一的,风俗是分散的、是地方的:信什么庙,对庙里的神的地位怎么看……各地都不一样。比如说,广东的宗族制和北方的就大大不同;山区和平原,在农业或是经济方面的表现也都不一样。所以中国是由各种不同社会结构和风俗习惯形成的一个国家。我们要做社会史,不能只从政府或国家的角度看,还必须得承认这个社会的多元性和各种不同的形式,然后在这个基础上找一个统一的国家。这是一个漫长的过程。"周锡瑞话锋又一转:"不过可能解决这个问题,不能一下子一个人来做研究决定。我没有列文森那么聪明,列文森的庞大的历史观,我跟不上,但他所提的问题还是我们应该提的问题,我们应该关注那些问题。"他提到他的老朋友裴宜理,也是同时在中国做研究的同行,前几年在当选亚洲学会主席时说:我们不能忘记中国革命,不能忘记这些大题目,不能忘记如何来理解中国这个大转变到底是怎么发生的。"我完全同意她的看法。但我不能写一个跟我的研究方法不合适的、瞎做结论的话题,这是一种矛盾,这种矛盾我解决不了。"

周锡瑞承认,近年来,中国研究的方向已转向文化史,社会史已经"失宠"。"几乎我所有的研究生都在进行文化史研究——从电影到杭州的旅游业、老北京传统的再生,再到重构京剧成为国剧的过程、运动和体育的作用等。"探求革命的社会起源对于那些想理解过去的人仿佛变得不那么重要了,这肯定要付出民国时期中国农村研究消失的代价。"如果真的是那样,那我太遗憾了。"周锡瑞说,另一方面,他也提醒学者们文化史角度的局限性以及对某些文化现象误读的危险。

叶家的故事

2014年，周锡瑞有了一部"出圈"的作品：他根据妻子叶娃家族几代人的故事，写了一部《叶——百年动荡中的一个中国家庭》，一时间成为大众媒体关注的焦点。

虽然书名是"百年"，但实际上周锡瑞借助叶家的家谱，将这段历史起点最早推至14世纪，不过重点在于近二百年叶家一门自晚清至共和国六代人的历史。书的前半部，周锡瑞尽情发挥了一名优秀历史学家的优势——以史料和家谱为凭借写就的叶家先祖在太平天国动乱期间的经历，充满了"在场感"；后半部，他又以实地探访安徽和天津叶家故居以及做了大量叶家人口述调查的方式，展现了他治史多年的态度和功底。有趣的是，叶家散落在安徽和天津的两支脉络，最终是靠他这个美国人的帮助恢复了联系，之前他们中断联系已有百年。

这本书的英文名（Ancestral Leaves）巧妙地利用了"叶"这个汉字的含义。正如周锡瑞在英文版序言里所说，"树叶"这个含义对这个家庭显得尤为恰当：一方面，叶氏数代人如同一棵大树的不同分支，彼此相连，族谱将他们溯源到同一个根源；另一方面，"这些'树叶'随着近现代中国的狂风飘零辗转，各自寻找属于自己的生命归宿"。如果说历史教科书上的大历史只是一些枯燥的字眼，那么这本书里的每个人的命运轨迹，其背后都是波澜壮阔、风云变幻的大历史。

从另一个意义上讲，这也是周锡瑞一生所从事的中国历史工作的延续：当年他研究辛亥革命即以"地方史"为楔子，切入革命爆发的两湖,"这个研究我并不满意——作为一个整体研究对象,一两个省份也太大,太复杂";在研究义和团起源时,周锡瑞以"县"为单位切入,可是"鲁西北村落间的广泛差异仍然令我震惊";在关于陕北革命的研究中,他又聚焦于特定的村庄;而《叶——百年动荡中的一个中国家庭》则将着重点聚焦于中国社会的基本单位:家族。

周锡瑞的妻子、考古学家叶娃出身于中国有名的大家族天津叶家:高祖叶伯英,官至清朝陕西巡抚;几经变迁,到了叶娃父亲叶笃庄一代最为知名——叶笃庄是著名农史学家、翻译家,译有《物种起源》《达尔文进化论全集》等;三伯叶笃义曾任民盟中央副主席;七叔叶笃正为著名大气物理学家,曾任中国科学院副院长,国家科技奖获得者……叶氏兄弟中,经历最坎坷的,就是周锡瑞的岳父,叶娃的父亲叶笃庄。他在1957年被划为"右派",第二年又以"美国特务"嫌疑被捕入狱,就是在这样精神与物质几乎陷于绝境的条件下,他还翻译了达尔文的巨著。十年刑满后,叶笃庄仍然没有自由,在安徽劳改农场、渔场里继续从事体力劳动。这个家庭的经历令为本书作序的章开沅先生也唏嘘感慨:"他的三个女儿先后多次前来探望,而爱妻早已病故,父女在破旧且紧靠猪圈的茅屋里团聚并共话世态炎凉,其情其景催人泪下。"

不过,较之于叶娃之前发表过的回忆父亲的文章,以及叶笃庄与妻子孙竦之间曲折坎坷的感情经历,周锡瑞在写这些故事的时候比较克制。他说:"我也试图说明,叶家的经历不仅仅是个人受难、做出牺牲的故事。""他们不仅是被动的受害者,他们也是缔造这段历史的积极参与者。""个人即政治","如果我们不能领悟大的历史进程对个人生活的影响,我们就不能充分理解这些历史进程"。而个人日常生活中的小习惯、小习性也有助于塑造人们所生活的和决定历史进程的大社会。

"家庭在中国社会中一直扮演着重要的角色。不过家庭的意识也在不断地变化，我觉得叶家的故事是一个特别好的例子。"这个家族从清代到民国、共和国，都有一定的地位，是处于社会中间阶层的精英群体。追踪叶家人的脉络实际上也是对中国地方精英的观察。"从比较史的角度来说，中国传统的精英，其实很难与英国、俄国、法国这些欧洲国家的精英比，他们在宫廷里的地位很不稳定，所以自始至终非常注重社会关系，比如利用同学关系、同乡关系，来维持他们的地位。"

章开沅先生在序言里提到，虽然宗族在现代中国已日趋衰微，但宗族史与家族史的研究值得倡导，因为宗族是中国传统社会一个极其重要的组成部分，"而且至今在观念乃至实体上仍然有大量遗存"。它对理解中国的过去、现在乃至未来都非常有价值。所以，周锡瑞写下的叶家的家族史，"不是古老家族与世家的挽歌，更不是单纯抒发怀旧的咏叹，它只是一个真诚的学者履行守望历史与解释历史的职责"。

伊沛霞

于历史细微处，理解中国

几年前，电视剧《梦华录》成为文化热点，这部戏从女性视角出发，讲述了三位宋朝女性的故事，颇有"现代女性"觉醒的意味：也让人们在观剧之余把视野放在宋朝这个大的时代背景下的女性的真实生活状况。

其实早在二十几年前，美国学者伊沛霞（Patricia Buckley Ebrey）就在她的《内闱：宋代妇女的婚姻和生活》一书里生动地重构和再现了宋代女性的生活状况。在她的著作里，女性并不是传统历史叙事里被遮蔽于父权与夫权阴影下的"受害者"，相反，在她们的框架里，她们积极地、"能动地"掌控着自己的生活……

"女性史"只是伊沛霞近半个世纪学术生涯研究的课题之一。早年求学于芝加哥大学和哥伦比亚大学的伊沛霞目前是华盛顿大学荣休教授。半个世纪以来，她对史学理论发展不但自始至终保持着高度的关注与敏感，并且积极地付诸具体的中国历史研究实践。从某种意义上说，她是一位"多变"的历史学家，既不安于固守已有的方法论，也不囿于单一的研究领域，而是在漫长的研究旅途上，始终保持着旺盛的生命力，不断拓展新局面。

"大话题"的中国史

在西雅图这座漂亮的城市，我们相见于伊沛霞的书房。单看书房的陈设与书架上摆放的书,会恍惚以为置身于国内某历史学教授的办公室——无论是客厅里的屏风、卷轴画,还是书房里挤得满满的《宋史》等历史典籍,都是浓浓的中国风。

作为一名"局外人",与中国历史结缘近半个世纪,深入浩瀚的中国历史细部,以另一种视角观察、分析、研究中国——这一切的起点是什么?这几乎是伊沛霞必然被问到的一个问题:"您是如何对中国产生兴趣的?"

1947年,伊沛霞出生于美国东海岸一个知识分子家庭,父母都曾在报社工作。在这样的环境里,大量的阅读是其家庭生活的常态。她是典型的美国二战后"婴儿潮"的一员,在她长大的那座一万多人的小城里,很多同学的父亲都参加过二战,其中一些人从日本娶妻归来。这些被称为"战争新娘"的日本人,是少时的伊沛霞与亚洲极其微弱而遥远的关联。而"中国"更是一个遥远的词。"直到越南战争发生,'亚洲'这个字眼似乎才显得具体且重要起来。"伊沛霞回忆道。

1960年,年轻的民主党人肯尼迪的当选,给13岁的伊沛霞带来了一种她后来称为"政治觉醒"的东西。她还记得,有一次她和同学们举着自制的标语牌,到机场附近去欢迎到访的肯尼迪。在众人羡慕的眼光中,她幸运地得到了肯尼迪的签名。"我也不记得牌子上写了些什么。"回忆起当时的兴奋之情,她忍不住微笑起来。虽然她不认为自己是"政治上非常活跃"的那种学生,但身在时代大潮中,政治生活似乎成了那个时代的一部分。她还曾和许多年轻人一样,去华盛顿参加反越战大游行。

1965年,伊沛霞进入芝加哥大学就读。在这所著名的学府里,她遇到了很多优秀的学生和老师,"他们讨论问题的方式、关注的问题，都让我觉得非常有意思"。初入大学的伊沛霞对社会科学颇感兴趣，不过芝加哥大学有一项特殊要求：如果选社会科学专业，则必须修一门"非西方文明课"，可选择的课程有俄国文明、印度文明、中国文明和日本文明。"我觉得同属基督教文明的俄国有点太'西方'；印度嘛，宗教的意味太重；日本文化又更多来自中国……"多重考量之下，"中国"成了一个当然的选择。

从大二那年起，伊沛霞开始修"中国文明"，课程由芝加哥大学的三位资深教授主讲：著名汉学家顾立雅（Herrlee Glessner Creel）讲"早期中国"；柯睿格（Edward A. Kracke Jr.）主讲宋朝；何炳棣则从明代"接棒"。

被问及对何炳棣的印象时，伊沛霞沉吟了一会儿，似乎在努力寻找最合适的措辞："作为学者，我认为他是一流的。他的很多研究回应的都是大问题、非常重要的问题。作为老师的何炳棣……"陷入回忆的伊沛霞忍不住微微一笑，"他第一天来给我们上课时就说：'你们好好读我的两本书[1]，就足够了！'"学术圈里流传着不少有关"恃才傲物"的何炳棣的"传说"，伊沛霞对此也有极其生动的回忆。每次开课前，何炳棣直接问下面的学生：上次我讲到哪里了？下面的同学给他一个提示，他似乎无须准备，便能自如地从这个话题切入进去。"我在猜测，他想，以他的历史知识，应对我们这些本科生完全没问题——虽然他本人并不是中国历史的博士，他拿的是欧洲史的学位。他是一位自视甚高的学者，当然他也是有资格的，他是庚子赔款的留学生，极其优秀。"她停顿了一下说："他给我们的指导是不一样的。"

---

[1] 指《明清社会史论》《中国人口研究》。

大二结束时，伊沛霞做了一个影响一生的决定——研究中国历史。促使她做此决定背后的观察和权衡也很有意思："其实我当时对'西方文明'课程也非常感兴趣，而且觉得它比'中国文明'课程更成熟。但是，如果你学'西方文明'，写论文全是小话题，比如，关于法国孤儿院系就可以做个四十年，可是研究中国史的话，里面全是大话题——何炳棣一写就是明、清两个朝代的社会流动史！"被"更大话题"的可能性吸引，伊沛霞自此开始了与中国历史近半个世纪的不解之缘。不过，现在的情况与当年比又有很大变化。浸润中美学术圈多年的伊沛霞发现了一个有趣的对比：当年，在西方研究中国的学者倾向于写"大话题"，但是因为现在在美国研究中国历史的人大多数来自中国，他们的目的是尽快在大陆用中文发表论文，所以又选择"小话题"。"写中国历史的论文，用中文写与用英文写，选择的内容会很不一样，这是一个巨大的差异。"

"越战代"

既然选了"中国文明"的课，伊沛霞又再次挑战自己："我想，好吧，学汉语应该也有意思！课程里既有'现代汉语'，也有'古代汉语'，我去咨询系里的老师，他说'你从古代汉语开始学习吧！'——我想在美国的大学里很少有像芝加哥大学这样教中文的，先从古代汉语开始学起！"

现代汉语对美国学生来说已是一个巨大挑战，更何况是古汉语，几乎每个学期都有学生坚持不下去，选择退出。伊沛霞却发现自己很喜欢古汉语课，这或许与芝加哥大学独特的教学方式有关："教材是顾立雅自己编的，他不讲语法，只要你选了这门课，就跟着他学习典籍，比如我们是从《孝经》开始学起，之后学习《论语》。"

1968年，伊沛霞从芝加哥大学毕业，进入哥伦比亚大学的东亚语言和文化系继续深造。正是在此读书期间，一位来自中国的中文老师给她取了"伊沛霞"这样一个特殊而有意蕴的中文名字。

哥伦比亚大学东亚系是美国最早建立的汉学系，在美国是中国研究的重镇。它不仅有丰富的藏书，而且拥有十分强大的师资力量。在这里，伊沛霞的古汉语训练得到进一步加强。当时的研究生中，母语是中文的学生所占比例很小；古文讨论课通常是一行一行地研读，以准确理解句子的意义为起点。伊沛霞回忆说，当她后来准备哥伦比亚大学的博士资格考试时，学校的要求是"熟悉过去四五十年中出版的所有有关中国史的论著"，"当时复印机还没有普及，我坐在图书馆里翻遍所有的重要期刊，寻找有关历史的文章，做笔记，居然也应付过来了"。

求学早期这种扎实而刻苦的训练，让伊沛霞未来的学术之路受益匪浅。当被问到如果打开任何一部中国历史典籍——比如《唐书》或《明史》，可以立即无障碍地阅读吗？伊沛霞毫不犹豫地说："可以！"

伊沛霞开始学习中文的这一年，遥远的中国开始了"文化大革命"。伊沛霞还记得，芝加哥大学一些学政治科学的学生还组织会议专门讨论，这些年轻人都非常兴奋：中国在发生着什么？什么是"文化大革命"？学生们对这场"红色风暴"都持非常积极的态度。那时的伊沛霞，对他们眼中"红色中国"发生的一切，也充满着革命浪漫主义的想象。

几年后，当伊沛霞正式开始进入中国历史学习的时候，尽管外部世界与中国的通道是隔绝的，但是"有关中国研究的英文著作已经相当可观"，她后来评论说。与此同时，美国的中国研究也正在逐渐发展，已有几十所美国大学设有中国史课——曾经有很长一段时间，大部分中国研究的主导人物是欧洲人，如理雅各（James Legge）、卫德明（Helmut Wilhelm）、高本汉（Bernhard Karlgren）等，这个格局正在慢慢被打破。"当时有关中国的书籍颇受欢迎，而我的老师们一致认为驳倒魏复古1957年出版的《东方专制论》事关重大。"中国思想研究委员会（Committee on Chinese Thought）出版的学术讨论期刊，则是"当时最受欢迎的反魏复古论点的刊物"，哈佛大学著名学者费正清等皆参与过这些期刊的编撰。

"美国的中国史领域研究是否比其他历史领域发展得更快？我想这个问题的答案应该是肯定的。"这或许与时代背景有关。"在我1966年至1971年作为本科生和研究生修中国史课时，我的教授们选择研究中国的原因颇为特别。"伊沛霞后来在一篇文章中详细梳理了美国的中国学。"许多人在二战或朝鲜战争中在美国军队中接受东亚语言训练，有的参与情报活动，还有一些则在美军驻日期间在日本工作。受此背景影响，这一代的教授一般从冷战的角度来看全球态势。"

"与这些学者年龄相当的美籍华人则组成了当时美国最领先的中国史科目的第二批教授。"伊沛霞说，这些学者包括萧公权、许倬云、何炳棣等人，他们不仅是具有传统学术背景的人文学家，还有不少是深切关心现代中国的知识分子，他们希望借助西方理论和观念来探究中国。当时正是社会史研究的方法论占绝对优势，许多历史学家受法国年鉴派的理论影响，将研究的焦点放在平民百姓的生活上，并力图发掘能用于计量的史料。在伊沛霞看来，何炳棣于1962年发表的《明清社会史论》即是此类范畴的杰出代表，"他以进士名册为据，考察明清时期的科举制度及其影响，进而提出明清时期上层社会的社会流动的可能性远远大于我们的想象"。伊沛霞说，虽然何炳棣的一些结论当时引起一些争议，但是他寻找资料的路径和方法都是被称道的。

伊沛霞曾把她这一代中国史学者称为"越战代"（Vietnam War generation）或"国防外语奖学金代"（National Defense Foreign Language Fellowship generation）。她解释说，1963年前后，也是因为越战的影响，政府开始鼓励人们学习当时对美国人来说并不常用的一些语言，比如汉语、日语、越南语、俄语、阿拉伯语等。

"随着政府奖学金机会的增加，进入美国大学研究生院学中国史的学生数骤然上升。不少反对越战的青年视亚洲研究为真正改变世界的切实可行的途径之一。"伊沛霞回忆说。

当伊沛霞进入中国研究领域之后，最初的几年，像很多同时代的学者一样，她也是"曲线救国"，选择到日本或中国的香港和台北查找档案，为研究课题寻找资料。她还记得在中国香港的时候，与许多游客一样，在深圳与香港的边界线上，她通过望远镜远远地眺望中国内地这一端——镜头里是开阔的农田和耕作的农民。

1978年夏天，伊沛霞与同在伊利诺伊大学工作的丈夫在日本做访问学者。有一天，他们偶然得知，可以在中国香港参加一个前往中国内地的观光团，立即便加入了。这是伊沛霞第一次踏足中国内地。他们先是坐火车到达广州，然后去了桂林和南宁。1980年，伊沛霞与丈夫再次有机会到中国访问。让她印象深刻的是，他们遇到的很多中国人会过来捏孩子的脸蛋以表达对孩子的亲昵和喜爱，这是她切切实实地开始从书本之外的层面了解中国人民和中国文化。

"多变"的研究者

1973年至1997年，伊沛霞在伊利诺伊大学东亚系和历史系任教。在二十五年时间里，从一名默默无闻的临时教员起步，直到成为伊利诺伊大学的杰出终身教授和美国中国史研究的领袖人物。尽管伊沛霞后来在国内因宋徽宗及宋史研究而在大众层面获得更广泛的认知度，但实际上，在她从事中国研究的半个世纪里，她的研究领域发生了很多次转向，而每一次转向都在一定程度上折射出美国的中国学研究范式的变迁和代际转换。

伊沛霞在学界"初出茅庐"的20世纪70年代，正是社会史方法论兴起的时代。她在哥伦比亚大学的博士论文《早期中华帝国的贵族家庭：博陵崔氏个案研究》（*Aristocratic Families of Early Imperial China*）正是对社会史方法论的积极回应，也使得她成为最早从社会史的角度研究中国历史的西方学者之一。

若干年后阅读这部即便对中国人来说也非常冷门的学术著作，不禁令人感慨：五十年前，在与中国的通道如此不畅的条件下，伊沛霞竟然能做出这样一份材料扎实、论证精彩的个案研究。随之而来的一个好奇是：她是如何搜集到这么多材料的？"我当年去（中国）台北做研究时，在'中研院'发现了很多崔氏的墓志铭，上面有详尽的个人资料。"她回忆说，尽管其中一部分还没有出版，但工作人员还是热心地帮助她复制了这部分材料，"根据上面的信息，我们大概可以重建当时妇女的生活"。

1978年，在此论文基础上形成的专著由英国剑桥大学出版社出版，并被收录到在西方学界颇有声望的"剑桥中华文史丛刊"中。在这部专著中，伊沛霞将社会史方法与人类学方法杂糅，成功地以博陵崔氏家族为个案，透视整个精英阶层的发展轨迹，开创了个案贵族家庭史研究的先河。1982年，北京大学的周一良教授首次向中国史学界介绍此书，肯定了伊沛霞士族个案研究法给中国学界带来的参考价值。这篇书评的发表也直接推动了1980年以来国内士族个案研究的兴起。

"第一本书完成之后，我一直在思考：下一步我真正有兴趣、想投入的工作是什么？"本想开始做唐代研究的伊沛霞，发现自己开始对家庭史产生浓厚兴趣。"家庭史研究是欧洲史常见的一种类型。"伊沛霞回忆说。家庭的重要性于普通中国人的意义毋庸置疑，但中国的家庭史研究却非常少见。意识到这一点，她开始了对中国家庭制度和婚姻制度的研究。另外，从客观上说，伊沛霞很早就发现，宋代的史料比唐代更丰富也更全面，"首先是印刷术的推广使得很多宋代典籍得以存世"，尤其是墓志铭这样的史料，有助于后人重建有关宋代家庭的历史；此外，在宋代笔记中，也有大量关于普通人的记录，其中包括很多关于宋代仆役和女性的记载。

作为一名史学工作者，伊沛霞对史学理论发展的高度敏感与关注，贯穿她学术生涯的始终。随着社会思潮的转变，到了20世纪90

年代初期，伊沛霞的研究兴趣开始由中古时期的贵族家庭转向妇女史领域。"我进入妇女史研究领域，绝对是因为受了美国妇女史和欧洲妇女史研究的影响。""回到上世纪60年代，当时的社会思潮不仅有民权运动，也有妇女运动。当这些运动发生时，人们思考：'我们需要把妇女运动也写进历史。因为女性也是历史的一部分。'我想这也影响了我。"此后一段时间，伊沛霞以妇女的细微生活细节为楔子，进入纷繁复杂的中国历史的细部：她与同时代另一位著名学者高彦颐（Dorothy Kuo）等人一道，被公认为西方学界第一批研究中国女性的学者。

实际上，自20世纪60年代以来，美国中国学经历了从"西方中心"到"中国中心"的转变，而美国中国学的范式转变成为美国的中国妇女史学的重要学术资源。中国学领域妇女史的研究也呈现出从"带有浓厚主观色彩的对中国女性权利地位的关注"，到"将妇女置于社会进程中探究其积极作用"的变化。

1993年，伊沛霞出版了《内闱：宋代妇女的婚姻和生活》，此书后来被誉为"海外中国妇女史研究的开山之作"。伊沛霞在这部作品里生动地勾勒出宋代女性的真实生活场景。她用扎实的史料考察了宋朝这样一个纷繁复杂、充满变化的时代，女性真实的婚姻家庭生活：一方面，缠足开始流行，士人开始倡导"饿死事小，失节事大"；另一方面，伴随着经济的发展，宋代女性的法律地位有了很大提高，这突出表现在女性对家庭财产的所有权与支配权上，极大地提高了女性的家庭和社会地位。

"以往西方对中国古代女性的刻板印象是'温柔的、顺从的'；而中国传统话语体系则被'五四妇女史观'笼罩——也就是说将女性受压迫看成是中国封建父权最突出的特点。或许我们该超越那个视角，看到她们'主动地''积极地'做了什么，而不是仅仅把她们当成被动的角色。"伊沛霞说。

"在我们努力地思考了女人在哪里以后，中国历史和文化看起来就不一样了。"在被问到试图将何种新的视角带入对中国女性的观察时，伊沛霞回答：视女性为"动因"（agent），"她们自主地发挥自我"。她详细解释说，如果深入到历史细部，会有一些非常有趣的观察，比如说，女性绝不仅仅是家庭关系里的被动角色，她们在养育子女这件事上发挥了非常积极的作用；在子女的婚姻中，她们经常也起到主导作用等。"如果她们愿意，她们也可能改变一些结果"，"所以对中国女性的观察也需要转换视角，让我们看看她们做了些什么，而不是外界在她们身上做了什么"。

有评论说，伊沛霞"最先在中国史研究领域提出了妇女是构造中国文化和中国历史的能动主体的观点"。从另一个角度观察，到了20世纪80年代，美国学界开始了"语言学转向"，越来越多的历史学家选择文化史而不是社会史课题。在这种视野下，《内闱：宋代妇女的婚姻和生活》一书被学界看作"从社会史方法的妇女史到文化史方法的社会性别史"的转向。西方主流学术界也给予这本书极高的评价。1995年，该书获亚洲研究协会（Association for Asian Studies，简称AAS）专门为中国研究领域颁发的著名的列文森著作奖。

伊沛霞的中国女性史研究的确与她自身女性意识的觉醒密不可分。她回忆说，在哥伦比亚大学读博士课程时，整个东亚系只有一位女性教授。伊沛霞发现，大家习惯以Mrs.（夫人）来称呼这位女教授，而用"Professor"来称呼男教授，"好像大家都不太习惯将'教授'

的头衔与一位女性联系在一起",但那时学生中的女性比例要远远超过教授中的女性比例。

"我1973年刚到伊利诺伊大学执教时,整个亚洲研究课程(Asian Studies Program)没有一个女教师,历史系也好像只有两位女性,其中一位还是当年刚招的。我感觉男教授好像很难适应有一位女性同事与他们共事,"她笑着回忆,"在许多场合,我感觉到男教授们真希望我自动提出不参与他们的活动。不过,我觉得是时候让他们习惯我的存在。"一向柔声细语的伊沛霞回忆至此,忍不住笑了起来。"有时候教授们到餐馆聚餐,男士们会点啤酒,我无法喝了啤酒再去工作,所以我就点了咖啡。三个月之后,我发现教授们也开始点咖啡,似乎在说:'OK,这也是可以接受的。'"

妇女史之后,伊沛霞的学术生涯再一次发生重大转向——她开始转向宋朝,转向与以往研究对象"相悖"的领域与人物,最终拿出一部厚重的《天下一人——宋徽宗传》。

"天下一人"宋徽宗

回想起来,伊沛霞对历史人物的兴趣,多少与著名历史学家史景迁有关。自20世纪70年代中期开始,史景迁出版了一系列中国人物传记。伊沛霞被他讲故事的方式吸引,"无论是他写康熙皇帝,还是17世纪一位非常普通的乡村妇女的生活(《王氏之死》),虽然不是鸿篇巨制,但都非常有意思。他的书一出来,我就会去读,读他的书很愉悦。他的读者群超出了专业范围，他的作品被普通大众所接受"。

在很长时间内，写一本中国历史人物传记的想法萦绕于伊沛霞脑海中——选择范围当然还是她最熟悉的宋代："苏轼当然是一位很有趣的人物，但林语堂已经写了一本非常好的传记"，像欧阳修这样她感兴趣的人物也早就有了传记；伊沛霞也考虑过"有足够多的材料"的南宋诗人刘克庄，他著述颇丰并在朝中担任要职，还曾卷入南宋末年的政治风波。

但是在研究与教学过程中，一向敏锐的伊沛霞开始注意并思考另外一个问题，那就是文字与视觉的关系。伊沛霞对视觉层面（visual side）的敏感与关注由来已久。向来喜欢参观博物馆的伊沛霞回忆，自从开始研究中国历史，就对中国文化中的视觉艺术愈发感兴趣。20世纪80年代有机会访问中国时，她与丈夫经常去文物商店看看，也经常发现一些非常有意思的文物。当时，19世纪的中国画的价格非常低——现在，其中的一部分已经成为她书房和客厅的一部分。

20世纪90年代以后，随着图像学在各个学科领域的崛起，伊沛霞对历史研究中的视觉对象和视觉方法兴趣日渐浓厚。"之前的历史学家都过于依赖文字材料来研究历史，过分关注文化的言辞表述，我开始阅读与视觉艺术有关的研究，开始考虑在宋史研究中有什么课题可以让我去探索这些问题。"

她注意到，每个教宋史的人都会用《清明上河图》。"虽然这张画内容丰富，但我们还是有很多东西没有探讨过。"她开始尝试考察衣服的颜色、人们在各种仪式中的站立位置等。伊沛霞写过一篇有关皇帝出游仪式的文章，她发现能找到的有关皇宫的视觉艺术资料远远超过宋代社会其他方面的资料，宋代朝廷是否可以作为下一步的研究对象？她开始思考。

在伊沛霞看来，历史不仅存在于言辞，城市的空间布局、礼仪的制式、建筑的样式、书画内容以及风格，都承载了历史的叙事。作为画家、书法家、收藏家以及宫廷艺术家赞助人的宋徽宗，进入了她的研究视野。"是的，这看起来有点自相矛盾。"伊沛霞笑着回应。作为深受20世纪60年代社会史思潮影响的历史学家，"帝王将相"似乎从来不在他们的研究名单里。但这一次，她已经被宋徽宗这位充满戏剧性的皇帝的故事"牢牢吸引"。研究越深入，她对宋徽宗的兴趣就越浓烈。

2006年，伊沛霞与他人合编的《徽宗与北宋后期：文化政治与政治文化》一书，收录了国外十三位学者从不同维度对宋徽宗展开的讨论，这部论文集被看作"西方学界试图重新全面认识昏庸之君宋徽宗与他的时代的一种努力"。2008年，她又出版了关于宋徽宗收藏的文物与艺术作品的专著——《积淀文化：宋徽宗的收藏》，此书后来拿到东亚艺术史上最佳书籍的岛田奖。2014年，《天下一人——宋徽宗传》正式出版，为她的"宋徽宗三部曲"画上了一个圆满的句号。

伊沛霞透露，实际上，后两本书是同时进行的："在准备写徽宗的传记时，我想：'从他的收藏开始入手吧！'结果我发现了很多材料，越来越多，而一本传记容不下这么多材料，我想，那干脆另写一本关于他收藏的书吧！"

宋徽宗大概是中国历史上为数不多的充满话题的皇帝。一方面，他有举世公认的艺术造诣和艺术品位；另一方面，他又是以极其戏剧性及悲剧性的方式，成了亡国之君。

"我是想强调他命运里的一系列意外和偶然。"被问及宋徽宗身上最吸引她的一点是什么时,伊沛霞略一思考之后回答。她解释说,当年的赵佶本也不曾想自己会成为皇帝,如果不是哥哥宋哲宗23岁突然去世且没有子嗣,他绝不会成为皇帝;如果不是他的继母(神宗的皇后向氏)选了他,他也不会成为皇帝;如果契丹能够平定女真叛乱,女真绝不会入侵宋朝,宋徽宗在皇帝的宝座上可以再统治十年甚至更长时间……

在中国正统的历史叙事里,徽宗是"玩物丧志"的典型人物,这个评价有失公允吗?

"绝对是!他非常聪明,非常有才华。如果你仔细地看历史材料,徽宗并不是让别人来做决定。在做决定之前,他会广泛征求各方面意见,然后花很长时间来考虑采取合理的决策。比如他花了很长时间来考虑是否与金联盟的事——不是所有的人都支持这个决定,有的人支持,有的人强烈反对——他一直都非常关注各种意见。"

作为中国历史的"外人",伊沛霞说,中国传统的历史叙事容易存在从结果反向推导一个人的倾向,由"亡国"的结果反观宋徽宗,从而对他充满了"后世之见"。"我们是否可以进入真正的历史来看一下徽宗的处境,进而考虑他为什么做出那种选择?"伊沛霞的这部传记,把内部各种势力的政争,以及外部包括宋与辽、金之间的分分合合、结盟与分裂,都梳理得非常客观与清晰,让人读罢也会对徽宗在政策选择上的犹豫多了几分理解,进而对他的悲剧性命运也多了几分惋惜。

不管后世对宋徽宗有什么样的政治上的评价,他在绘画、诗歌、书法等领域的造诣是举世公认的。即便如此,伊沛霞还是用了不少笔墨来提醒我们:对于宋徽宗对中国艺术的深远影响,我们的认识也许还不够充分。比如宋徽宗对建筑有极大的兴趣。在他还是端王的时候，赏识并重用建筑天才李诫，在他继位第一年，李诫开始修订对后来有极大影响的官方建筑指南《营造法式》；"画院"虽然不是在宋朝首创的，但的确是在宋徽宗时期达到了艺术高峰。徽宗对宫廷艺术家的作品要求非常严格，也极其挑剔，以至于著名艺术史家高居翰评价说，徽宗坚持正确画出细节的故事说明，"在中国绘画史上，这也许是最后一次将艺术真实性的标准认真向前推进的机会"。

宋徽宗对自己的文化修养和造诣无疑也是自信的。"19岁，他就很自信可以开创一种非常特别的风格。他不想模仿王羲之或王献之，非常有创造性，也非常独特。"令人感慨的是，灭亡北宋的金国，其皇帝章宗就是宋徽宗的"粉丝"，他的书法"悉效宣和字（瘦金体）"，几可乱真：许多人第一次看到金章宗的书法作品时，都误以为是宋徽宗的手笔；章宗还刻意模仿徽宗的绘画偏好，听说徽宗作画"以苏合油烟为墨"，也高价购来同样的墨。

在伊沛霞看来，徽宗并非只是沉溺于艺术的昏庸之君，相反，他在文化上、艺术上所做的努力都有意识地与政治功能相联系。宋徽宗在文化上和艺术上推行的种种举措，实则是为其政治服务，而他艺术家的形象也有助于增加他作为帝王的威信。

伊沛霞的书里也细致入微地刻画了蔡京、童贯这些在传统的历史叙事中几乎被脸谱化的人物，比如在家喻户晓的《水浒传》里，蔡京就直接被定性为"奸臣"。宋徽宗对蔡京的信任和倚赖被后世所诟病，那么，真实历史里的蔡京是什么样子的？如何看待徽宗对蔡京的信任呢？"徽宗信任他是完全有理由的。蔡京是一个很有能力的人，是一名非常高效的行政管理者和财政管理奇才，他让这个系统运转起来。""蔡京能够从禀告给皇上的大量问题中迅速厘清头绪,找出其中的重要问题,并提出相应的建议。"或许是为了让现代读者对几百年前的历史人物有更直观的理解,伊沛霞把蔡京比喻成现代企业里CEO(首席执行官)类型的人。

伊沛霞另一个角度的观察也很有意思:"我感觉徽宗对蔡京的感觉有点像对父亲——他父亲(神宗)死时,他才3岁,蔡京和他父亲的年龄相仿;他们对文化的兴趣和审美上的品位也非常相似。"徽宗对蔡京的信任,还有文人之间的惺惺相惜与彼此欣赏。实际上,蔡京一直不同意与金国结盟。当后来局势恶化时,宋徽宗对手下说,蔡京是唯一自始至终反对北伐的人。

熟悉和喜欢宋史的人能在这部传记作品中找到很多"老朋友",比如苏轼与王安石等人的政治歧见、改革派与保守派之争。"他们都是受过良好教育的人,有很高的政治地位,也写一手好文章。但是他们对时局的看法不一样,互相争斗。这种情况就像今天的美国一样,一个党提出一个意见,另一个党就反对。"提到苏轼,伊沛霞说,她对这位大文豪有"非常正面的看法"。"我的理解是,从某种程度上说,徽宗有点为那么多人喜欢苏轼而不快",这也许是另一种文人之间的嫉妒?"我想即便是现在,无论是中国还是美国,一些优秀的作家之间也许有类似的感觉。这也许是人的共性吧!"她笑着回答。

伊沛霞直言:"我对徽宗的诠释比传统的历史学家更具同情心。"的确,"以史为鉴"的修史思路,容易出现剪裁历史、以是非遮蔽史实、忽视历史的复杂性与丰富性等问题。伊沛霞对宋徽宗的"同情与理解",有助于我们摆脱单一视角看待这位个性鲜明的北宋君主。虽然有学者认为伊沛霞对宋徽宗的某些辩解缺乏足够的说服力,但也都承认,她对宋徽宗的整体还原是成功的。

宋朝文化上的繁荣与军事上的衰弱形成鲜明对比。这是否也是这个王朝的悖论?"宋朝的开国者视军事为一种危险,这与欧洲一些王朝不太一样,欧洲的王朝通常会有一位退役的军事将领在内阁中。但是在宋朝政府里,是根据文艺的才能——比如写诗的好坏来选拔官员的。这也是不同的管理方式。"

实际上,如果我们站在全球史这一更大的历史空间来看,对北宋与"末代皇帝"徽宗的命运也许有不一样的理解。"是的,在相对简化的故事中,我们会认为宋是唯一的主角,但事实是,当时的辽和金也同样强大。这段时期,北宋面临相对于汉唐时期军事上更强大的邻国。"如果以此为背景,我们能否进一步假设:即便徽宗当年做了正确的选择,是否只是延迟而无法最终逃掉北宋灭亡的命运?

"对,这是我说的另一个偶然性的意思。虽然金灭了辽、北宋,但最终没有逃掉被蒙古大军灭掉的命运。"

有趣的是,在这部宋徽宗传记中,伊沛霞也时常将这位传主置于跨文化的角度下来观察。她说,中国读者批评宋徽宗建大园林、收藏那么多的画,但是"建筑、装饰和收藏的欲望在全世界的君主中都非常普遍"。她说,与其他地方的皇室相比,徽宗为了加强皇室威严而投入的花费并不算出格。

又比如,欧洲皇帝有狩猎的传统,一方面熟悉军事,另一方面可以保持与外界、与下层社会的沟通,这也是皇帝维护和加强其社会影响力与政治影响力的一个重要手段。"但中国的情形不太一样。因为远离一线,前线将领往往不敢将失利的真实情形上报皇帝;即使汇报了,也是非常迟的,导致皇帝的应对策略既滞后又误判。"

"将领们可能希望明天战况好转,这样他们就不把今天的失利报告上去。"如何得到一线即时的、真实的消息确实是一个大问题。中国这么大,需要更长的沟通和交流时间。在高宗时期,这就是一个大问题:他要给他们多大的自由空间,让他们自己做决定?将领们经常说,如果不让我根据形势来做处理,那我通常会失败;而统治者又感觉被冒犯了。

如果以开启宋徽宗的研究为起点,这本《天下一人——宋徽宗传》前后用了十五年的时间才最终出版。伊沛霞坦承这本书本是为西方读者写的,但后来的结果证明,它在中文世界里收获的读者远远超过了英语世界的读者。这本书在中国的成功,也让伊沛霞多少有些意外。"说老实话,我到现在都不太知道这本书到底卖了多少。虽然是翻译过来的书,但中国的读者远远比美国的多。"她笑着说,"也许因为他是中国的皇帝吧!"

当被问及写这部书最大的挑战是什么,伊沛霞回答:收集材料。宋朝的材料不可谓不多。但是很多都是后世根据自己的主观需要形成的,难免有剪裁和浓重的训诫味道。她举例说,《宋史·蔡京传》是根据弹劾他的奏章写的,而要了解蔡京在徽宗生活中扮演的角色,就要仔细分析那些通常带有偏见的证据。为此,她"转向最早的、后人改动最少的原始资料"。扎实的古文功底使得伊沛霞可以直接阅读大量原始材料,包括宋徽宗颁布的诏书、呈递给徽宗的奏章、笔记和各类传记。她最大限度地调动了几乎一切与徽宗时代有关的史料,这需要的不仅仅是耐心、毅力,还有功底、眼力和判断力。

解读中国

　　早在大学二年级时，伊沛霞就把未来的职业选择与学术和教育联系在一起。伊沛霞教授是位勤勉的学者，美国学界也以一系列奖项对她的努力予以肯定和回报。2014年，为表彰伊沛霞在学术研究上的贡献，美国历史学会（American Historical Association，简称AHA）为她颁发终身成就奖。她还获得了2020年度的"亚洲研究杰出贡献奖"（Distinguished Contributions to Asian Studies）。

　　除了大量的学术专著，伊沛霞还撰著或合著了六部广为使用的中国史、东亚史、世界史、史料教科书。其中最为中国读者熟悉的，便是《剑桥插图中国史》（The Cambridge Illustrated History of China）。

　　说来有趣，当年轻学者伊沛霞逐渐在学界闯出名气时，出版社找到她，请她来写《剑桥插图中国史》——伊沛霞并不知道是谁在背后推荐了她，但出版社提出的初版印数一万八千册让她非常动心。"在这之前不久，普林斯顿大学出版社出版了我的一本著作，当时只印了八百五十册。"她笑着说。《剑桥插图中国史》的成功令伊沛霞非常意外，它一直被哈佛大学、伯克利大学等学校当作教材在使用，还被翻译成好几种语言，在中国也很受欢迎。"可能是大家想看一个西方人写中国历史的角度吧。"在这部面向西方普通读者的著作中，伊沛霞遇到的最大挑战是如何讲述中国这个历史漫长的国家。伊沛霞说，她试着勾画一两个有关中国的最紧要的问题，比如"它的巨大和历史连续性"。伊沛霞向西方读者发出这样的疑问：这十多亿人口——比东欧、西欧和北美人口的总和还多——逐渐认为自己拥有相同的文化、享有认同感，这是怎么发生的？为什么他们没有像世界其他地方的人那样，因在方言、宗教或生活方式上的差异而分裂成一个个相互猜忌的群体？对此，伊沛霞尝试着做出自己的解释，包括中国的地理位置、其形声书写系统，以及强大统一政权的长期经验。"中国是一个长时间使用一种语言的国家，而欧洲不一样。比如直到19世纪，欧洲受过教育的极少数人说拉丁语，但它切断了同普通人的联系。在中国，即便是金国，它也使用与宋朝相似的文字。即使王朝更替，但构成文化基础性的元素都有极大的相似性。"她说。

"如果你不了解中国的历史，就不会理解现代中国。"这是伊沛霞在西方讲授中国历史时通常所用的开场白。"我们那一代学者的目标是让美国公众更好地理解中国。"这大概也是这位学者孜孜以求的终极目标。

柯文

从中国发现历史

88岁的柯文先生居住在美国波士顿郊区一个安静的社区里。院子里草木幽深，房间内古香古色。最引人注意的是署名"翁同龢"的两幅字，它似乎在提示着房间主人与遥远东方的联系。

"你是我第一个面对面接待的中国记者。"柯文的状态非常好，声音洪亮，记忆清晰，不时报以爽朗的笑声。"我写过基督教、写过义和团，写过回忆录……很难说哪个更困难，或者说它们都困难……"柯文认真地说，"我也很难说'我喜欢写这个（主题），不喜欢写那个'。我一旦进入写作过程，就开始喜欢我正在写的东西。不过我总是尝试写不同的主题。比如说我后期写的越王勾践与'国耻'的书，就与我以前写的非常不同。"

波士顿今年的夏天格外热，柯文家只在厨房有一台安装在窗户上的老式空调。空调一启动，就轰鸣作响。采访结束时，老人衬衫的后背已湿了大半。"我的生活非常简单，我可以照顾我自己；不过我已经88岁了，我写不动什么新书了，我只是在整理我的回忆录。"

柯文的回忆录里引用了大量原始资料，诸如他在二十出头时与导师费正清的通信，一来一回非常详细。这令人好奇他是否很早便有一种自觉的意识，为了将来的书写而保存这些资料。

"我不扔任何东西。"柯文笑着回答。他说，他的好朋友总是劝他扔掉一部分东西，"清理！清理！！可我最终什么也没扔掉。有一天，我整理桌子时发现了一个文件夹，上面标着'1988年感恩节'。我打开一看，是那一年感恩节家庭聚会的照片。我儿子当时27岁，现在他已经61岁了！而里面的女性还是我当年约会的对象……太有意思了！"

柯文的回忆录《走过两遍的路——我研究中国历史的旅程》(*A Path Twice Traveled: My Journey as a Historian of China*)最近在国内翻译出版，使这位当年以"中国中心观"而被广泛认知的著名历史学家又被重新"打捞"出来。

"很少有人在研究著作中，能够同时提供好几个典范与方式，供学者们思考、讨论和模仿，但柯文教授在他对中国史的研究中做到了。"学者葛兆光一语道破了柯文的中国史研究的独特地位和价值。"一个学者最重要的是提出问题、给出典范、引导潮流转向；柯文教授在理论方法和具体研究上的成就都让我很佩服。这部回忆录，让我们看到一个研究中国历史的美国学者的学思历程，他既在不断研究中国史，也在不断试图超越中国史的前辈，这同样是在'走两遍的路'。"葛兆光评价说。

不易的选择自由

虽然柯文后来以研究中国的历史学家而闻名，但他的早期生活，无论是与"中国"还是"历史"，都无半点关联。

用现在的话来形容，柯文是一名地地道道的"富二代"。1934年，柯文出生于美国纽约长岛附近一个传统的犹太家庭里。他的祖父从事男装生意，到了柯文父亲这一代，生意已颇具规模，"是美国最成功的男装行业之一"。

作为家里唯一的男丁,继承家业似乎是理所当然的选择,但少年柯文对此兴趣寥寥。他16岁时的一天,父亲对柯文说:既然你对工程感兴趣,那你可能对服装的生产方面感兴趣。父亲要柯文和他一起搭飞机从纽约到工厂所在的费城去看一下。

"我们花了一整天时间检查男士正装、休闲西装、西裤的生产机器,跟工人、经理聊天;然后我们到机场、坐飞机回去。晚饭的时候,我告诉父母,我认为我不适合做一个商人,我对赚大钱没什么兴趣。我想做别的事情。"

虽然柯文也能感觉到,父亲对他没有继承家族衣钵稍感失望,但还是很平静地接受了他的选择。直到上了大学之后,柯文才从父亲给他的信里知道他所得到的"选择自由",是以父亲当年的"选择不自由"为代价的。

柯文的父亲曾在一战中服役。从海军退役后,他第一时间去祖父在纽约的办公室报到。"我的父亲还穿着海军制服,坐在样板间里,只是想过来看看。"正在日夜加班的祖父走了进来,瞥了一眼儿子,然后向旁人讥讽说:"你看他坐在那里,像个国王一样。"转而以不容置疑的口吻告诉自己的儿子:你星期一早上来报到!

父亲年轻时的梦想是上医学院,而祖父的想法比较传统:男孩子高中毕业就得工作。他对儿子的要求不容置疑:和其他孩子一样,从事家族的服装生意。柯文的父亲只好白天工作,晚上去夜校。辛苦一天回到家还不敢提上学的事,因为祖父不愿意听。

柯文的父亲最后还是进了服装行业,家族的事业也非常成功。幸运的是,当柯文的父亲面对违逆自己心意的儿子时,他选择了包容、理解和支持。他后来写信给柯文说："一定要做你自己想做的事情，能做到这点的人太少了……不要做别人眼中正确的事。"他特地在"你"和"别人"这两个词上标了重点符号。如今，当年的懵懂少年已是近九旬的老人，想起父亲的嘱咐，他仍然有点动情："我至今保留着他写给我的信，他告诉我他的故事，他在我这个年龄时，没有选择做自己想做的事的自由。他鼓励我做自己的选择。真的非常令人感动。"有意思的是，柯文还有一个姐姐和两个妹妹，但没有一个孩子继承家族生意，"不但如此，整个家族的同代人里也没有一个男性从事生意"。

父亲后来卖掉了家族企业，他用另一种方式弥补当年读医学院未果的终生遗憾——资助纽约的一些医院和医疗中心，成为一家医院的创办人，终生与医生朋友保持着联系。除此之外，柯文的父亲还是一位颇有成就的业余画家，多次举办个人画展，用绘画收入成就了以个人名字命名的基金会，以资助青年艺术家和艺术生——我们的采访就是在一幅大型油画下进行的，油画以蓝色和黄色为主，用色非常大胆，这就是他父亲的作品。

当年老柯文最大的遗憾是"没有为自己做主的机会"，所以他送给儿子最大的"礼物"就是自己年轻时没有的自由，"让我塑造自己的人生，是父亲最心满意足的事"。幸运的是，老柯文看到了他培育的"自由"之种开花结果。柯文的第一本书出版后，老柯文购买了五十本寄给朋友，骄傲之情不言自明。"后来当我在事业上更进一步时，有一次他去参加一所大学的项目，正好我的导师费正清也被邀请去演讲，我介绍他们认识。尽管他们来自不同的领域，但他们互相尊重，相谈甚欢。"

令柯文骄傲的是，他与子女的关系延续了父亲给他的自由的模式。他在采访中不止一次语带骄傲地提及自己的孩子，"他们每个人都无拘无束，不受父母制约"。家里书房摆放的一些木刻艺术品就是儿子的创作；他的一个女儿是职业摄影师，柯文关于勾践一书的封面，就是女儿专程到浙江绍兴越王台拍摄的，这也是父女之间一次特殊的合作。

找寻真爱

回到当年，有了"选择自由"固然可贵，可是究竟什么是自己的真爱呢？年轻的柯文一时也难以辨明。

1952年秋天，18岁的柯文进入康奈尔大学工程系就读。第一学期的成绩也非常不错。寒假回家，他与在哈佛大学读书的高中同学相聚，当看到对方正在学习的哲学、文学和历史课程时，这个标准的"理科男"一下子体会到一个新世界的诱惑："我想，天哪，我错过了太多！我的学业只有物理学和化学、数学，这也太狭窄了！"假期结束后，柯文回校申请从工程系转到文学科学院，他发现自己一下子就被这些学科"迷住了"。大学三年级时，他又成功申请转到芝加哥大学就读。

"在芝加哥大学学习的两年，是我生命中最令人兴奋的两年。我生平第一次喜欢上了读书，读小说，读这个读那个，读所有的东西……"柯文形容此时的他成了一个"真正狂热的读书人"，选修历史课程，学习文学、艺术和音乐……虽然此时的柯文对将来要从事何种职业并没有清晰的想法，但他能确认的是，那一定是能给予他"智识上的快乐"的事。

当时男性还要服两年兵役，如果不想被征召入伍，唯一办法是留在学校继续学习。柯文想到自己喜欢艺术，数学也很好，他的第一个念头是去学建筑。一天，他约了芝加哥一位年轻的建筑师共进午餐，探讨这个可能性。建筑师说："如果你想在最初的十年就是设计楼梯间，那你就来学建筑吧！"他又想到姐姐是纽约的一名心理治疗师，而他也对这一行多少有些兴趣，但他知道要进入这一领域，必须经过四年的医学院学习。

"坦率地说，当时我就想放弃，去部队服两年兵役算了。"得知此讯的两位好友立即发来电报："不要去参军，春假来哈佛一趟！"柯文如约而至。其中一位好友推荐了他正在修的东亚文明入门课，两位主要老师是大名鼎鼎的费正清和后来出任驻日大使的赖肖尔。"我看了教学大纲的内容后，非常兴奋。"在毫无准备的情况下，柯文找到赖肖尔，解释了自己的情况，然后问：如果申请，我有机会被录取吗？赖肖尔回答他："申请吧！"柯文的人生从此改变。

意外的历史

"我与历史不是一见钟情，而是日久生情。"在回忆录里，柯文这样形容。1955年秋季，柯文进入哈佛大学东亚系读研究生。"其实那时候我对'历史'知道的并不多。与其说是历史吸引我，不如说是亚洲尤其是中国吸引我。"他坦率地说。当时他唯一能了解中国的渠道是赛珍珠的小说《大地》。

从进入哈佛大学，一直到1961年取得博士学位，柯文的主要导师是费正清与史华慈。但是刚刚成为费正清门下弟子的柯文，进展并不那么顺利。半个多世纪之后，他仍然清清楚楚地记得第一次参加费正清的研究生讨论课的窘境。

"我之前从来没有上过研究生的讨论课，也不知道该如何表现，等轮到我给全班讲论文进展时，我讲啊讲啊，一直在讲。费先生当然不知道这是我第一次参加研讨会，看我一直不停地说下去，有点不耐烦，就站起来去拉教室里的百叶窗帘，故意把声音弄得特别响，意思是提醒我时间到了，赶紧结束吧！""开头这么差，以后只能越来越好。"不久，柯文的讨论课论文入选《中国研究论文集》，柯文感觉到费正清对他慢慢有了信任，二人的关系也逐渐改善。

在柯文眼里，这两位美国的中国史研究大佬性格迥异。"费先生对中国心醉神迷，有时给人感觉他只想聊关于中国的话题。史华慈则不同，他什么都谈，而不仅限于中国，只要觉得有意思就行。"相对于费正清直入主题的风格，史华慈显得更迂回一些。柯文的好友、学者李欧梵曾忆及：史华慈分析问题必会"从一方面看"，再"从另一方面看"，"如此双方面互相辩证下去，越挖越深，却从来没有结论"。柯文也生动地描述了费正清与史华慈这对相差9岁的师徒间的一些有趣的细节。"我记得有时费正清对史华慈有点不耐烦。他说：'好吧，这个面，那个面……你总是看事情的不同侧面。'史先生会花很长时间才得出一个结论，费正清有时候会用一种间接的方式调侃甚至批评他。"

如果说在学术生涯早期，柯文受费正清影响更大，那么当他后来开始从事对中国知识分子的研究时，史华慈这种思维方式对他的影响比费正清要大得多。"他教我如何看待知识分子问题，他对这一领域非常感兴趣——这是他当年研究严复的原因。但费正清先生对知识分子的历史从来不感兴趣，无论是某个具体知识分子还是他们这个整体以及他们在中国革命中扮演的智力角色。"

柯文本人做了老师之后，仍然与费正清保持着密切的联系。每次发表文章，他都会寄给费先生。"在文章发表之前，他会仔细阅读，然后提出意见，无论是批评还是建议，他会在一周内给我回信，非常迅速。"史华慈的性格及行事风格则完全不一样，他很少参与课外活动。如果把文章寄给史华慈，可能六个月后才收到他的回信。"不是因为他不关心，只是他性格不一样。他有很多话要说，但他宁愿把意见保留。"不过，在柯文读书时，史华慈办公室的门总是开着的，有任何问题想找史华慈请教，"只要敲门就可以进去，你可以花一个小时和他聊天"。与之相反，费正清的门外总是排着长龙，总有很多人要见他。"终于排到你进去了，你只有五分钟：提出问题，他帮助分析解决，然后'再见！下一位！'"时至今日，柯文深感幸运："他们都对我产生了影响。而他们的影响是非常不同的。"

柯文毕业后一直从事教学和研究工作。作为导师的柯文，风格与谁更相似呢？"我觉得我更像费先生——如果我的学生发表了文章或论文寄给我，我也会马上做出反应，在这一点上，我受费正清先生的影响很大，包括如何与学生相处。"

"那学生去见您有什么规矩，也是'只有五分钟'吗？"

听到这个问题时,柯文爽朗地大笑:"不,不!我的大门是永远向学生敞开的!"

"在中国发现历史"

柯文进入东亚系学习后,最初的研究课题是"传教士在中国的传教工作",而传教士正是费正清感兴趣的领域,所以研究生后期他主要跟随费正清做研究。

1960年,柯文得到一笔奖学金,可以去中国台北学习中文,为期一年半。于是,他和夫人带上只有1岁的女儿一起前往。第二年,他们在台北生下儿子。台北的生活给柯文留下许多鲜活的记忆,比如当时很多人家都筑着高墙,墙头上有碎玻璃,据说是为了防止做狗肉生意的人翻进院子来偷狗。中文也成了他刚会说话的女儿的第一语言。有时她会爬上墙头,跟隔壁的男孩说:"大哥哥,要过来玩吗?"柯文模仿女儿儿时的口音,乐不可支。

柯文那时候还学了全本的《论语》和《孟子》,作业是把文言文翻译成现代白话文,然后和老师讨论书的内涵。"这些训练对我来说是很好的经验,不仅让我熟读古汉语,而且强化了我的口语水平。"有一次,柯文甚至还贴上胡子、戴上假发,参演了一部中文独幕剧,演出时全场爆满,甚至还上了当地的报纸。回忆起这些,他有点遗憾自己的中文已远不及当初。

与此同时,忙于博士论文的柯文与导师费正清保持着频繁的联系——即便费正清在世界各地的中国研究中心讲学，虽然身处海外，他依然会尽职尽责地阅读柯文博士论文的每一章，并给予评价。"鼓励中带着压力"是费正清的风格。柯文在费正清指导下完成了博士论文，后来顺利成书《中国与基督教》(China and Christianity)。

回顾那个时期，笼罩在美国学界的是费正清提出的"冲击－回应"学说。作为费正清的嫡传弟子，柯文在他的第一篇专著里所用的方法论是否仍然沿袭了这一理论呢？

"以往的美国学者在研究传教士时，重点是'传教史'(missions history)，他们感兴趣的是传教士本身的传教历史；而我的研究重点是'中国史'，当我谈到'教案'时，我感兴趣的是中国的视角，我更关心如何理解、评价基督教传教在中国历史上发挥的作用等。在这个意义上，也许有人会说我仍然在某种（西方）冲击－（中国）回应的框架中运作，但后来我'发现'了中国的历史。我离开了这个框架，进入了一个以中国为中心的框架。"柯文说。从他的学术思想的演变来看，这实际上迈出了反思"西方中心观"的第一步。

毕业后，柯文先后在密歇根大学和马萨诸塞州的阿默斯特学院（Amherst College）任教。1965年的一天，卫斯理学院（Wellesley College）联系柯文，告知他们正在寻找一个中国历史学家，问柯文是否愿意去该校任教。柯文接受了邀约，一直工作到退休。他还记得，初到卫斯理学院时，在教员会上，他提议学校开设中文课。一位老师站起来说："为什么学中文？为什么不是斯瓦希里语[1]？"好在大多数老师都支持柯文的提议。在他的提议下，除了他本人开设的"中国文

1　非洲人的主要语言。

明课",卫斯理学院还首次开设了中文课。

卫斯理学院以宋美龄求学之地而闻名。采访中,柯文还回忆了一段轶事。

"有一年,宋美龄重访母校,我受邀参加她的欢迎晚宴。当她得知我正在讲授关于中国文明的大型课程时,她说有兴趣了解我的讲课内容。我说:我没有写好的书,只有讲课大纲之类的东西。有意思的是,她并不愿意用中文而是坚持用带有南方口音的英语和我交谈。"

柯文深深记得费正清60岁生日时对学生们立下的规矩:"不用回馈我,传递给别人。"所以柯文日后从事教学工作时,也努力效仿导师。他与母校哈佛大学也一直保持着密切的联系。费正清退休后,傅高义接任费正清,出任哈佛大学东亚研究中心主任。在傅高义的邀请下,柯文负责创办"新英格兰中国研讨会"(New England China Seminar)项目,每月邀请与中国或中国历史研究相关的人员来举行讲座。

"我们每次邀请来作讲座的人都来自不同的研究领域——不仅有历史学领域,也有社会学、政治学等领域。每个人都受益良多,而我认为这恰恰是现在的(费正清中国研究)中心缺少的。比如,我后期在中心的办公室,似乎也不太清楚隔壁办公室的人在研究什么。这并不是说现在的文化不一样,我想部分原因是缺少一个坚定地致力于创造和建设一个活泼、有趣的文化机构的领导者——像当年的费正清那样。史华慈虽然不愿意组织,但总是非常积极地参与这些讨论。而傅高义和其他一些人也愿意投入精力组织和参与。中心作为一个多学科的中国研究中心的意义要大得多。"

怀念当时的学术交流氛围,柯文不禁陷入感慨。到了今天,事情发生了很多变化。他说，中国研究领域变得更加专业化，也更加分散了：社会学必须有一个中国专家，经济学和经济系必须有一个中国经济学教授，文学系得有中国文学教授……"人们似乎不太关心其他学科的人在做什么。"柯文非常坦率地表达了他的疑虑。

"中国中心观"

从柯文学术思想的演变来看，尽管《中国与基督教》仍然不可避免地带有"冲击－回应"模式的印记，但此时的他已迈出了反思"西方中心观"的第一步。这种反思在他开始研究王韬时，又继续向前推进了一大步。

柯文很早就从费正清及其弟子邓嗣禹的著作《冲击与回应》（China's Response to the West）里知道了王韬。在柯文看来，在这本经典之作里，对王韬的解读实际上仍然是在"中国对西方的回应"框架内的。

"王韬本人比这更复杂。他在西方生活和工作过一段时间，欧洲旅行的经历让他大开眼界。比如说他看到了西方已经有火车，而中国只有马车，这是两个完全不同的世界。他赞成技术变革；他觉得中国应该引进所有这些技术，应该有火车，应该有蒸汽轮船，应该有代替人力的机器……在这个意义上可以说王韬是'中国人在技术领域回应西方影响'的例子。"

但是以传统的"冲击－回应"二分法，无法完整解读王韬。柯文说，当时人们几乎全部倾向于认为"道"属于中国，"器"属于西方。但王韬超越了这一层面,他强调东方与西方"心同理同",也坚信"道"是人类文明共有的特质,因此既是西方的,也是中国的,这由此开辟了另一个讨论空间。"这种观点把西方带进了中国的话语世界,由此给中国提供更大动力:借鉴西方时可以不单独借'器'。"柯文说,他之所以选定王韬为第二本学术专著的主角,就在于王韬一生挑战的核心议题即是"西方冲击–中国回应"学说,这也是学术上最吸引他的地方。

这本《在传统与现代性之间》(*Between Tradition and Modernity*)于1974年出版。后由中国社会科学院近代史研究所工作的雷颐译介到中国来,雷颐回忆说,当时他第一次碰到"modernity"(现代性)这个词时颇感陌生,查字典,上面只简单地解释为"现代性"。

"可是什么是'现代性'?我请教了身边的一些人,也没人能解释清楚,当时大家都熟悉'现代''现代化'。20世纪70年代美国学术界已在讨论现代性问题,而90年代了我们对此还非常陌生。"雷颐回忆称。这个小插曲或许可以一窥彼时中国学术界与西方学术界时间上的错位。雷颐曾想将书名译为"在传统与现代之间"或"在传统与现代化之间",可总感觉有些不妥。他后来直接写信向柯文请教,终于理解"现代性"的学术内涵。"没想到,几年后'现代性'满天飞,谁不提'现代性'都不够时髦。"雷颐打趣道。若干年后柯文坦承,虽然他在写王韬的时候,对"以西方影响为衡量清末中国变革尺度"这一立论有所保留甚至质疑,但当时的他"仍然无法脱离'西方冲击–中国回应'学说的窠臼",他意识到此书深层学术框架里蕴藏着一定的冲突。

值得注意的是,此时美国的社会思潮也发生了极大的变化。经过越南战争和水门事件之后，美国史学界的一些学者对美国与西方文明的精神价值产生了动摇，对西方"近代"历史发展的整个道路与方向产生了怀疑，从而对美国的中国近代史研究中以西方为出发点的模式提出挑战——费正清的"冲击-回应"论首当其冲。

个人在学术上的纠结，以及时代的变化，促使柯文在40岁那年下决心写一本书，"直面、超越过去一段时间我反复纠结的学术问题"。柯文对美国的中国研究界出现的"范式转变"进行了总结，这就是柯文在中国研究领域影响深远的著作《在中国发现历史——中国中心观在美国的兴起》(*Discovering History in China*)。

开篇第一章，柯文即直截了当地批判了费正清代表的"（西方）冲击-（中国）回应"学说。因为深谙导师标志性理论的精髓，柯文批判起来直指要害，也毫不留情。他说此理论"预设19世纪的中、西互动是一条单行道，车全部由西方开往东方"，这种观点不但过度简化，而且忽视或边缘化了中国的内生变革；另外，此理论因强调"回应"，所以更强调学术、文化、心理等历史原因，而忽略社会、政治、经济原因，其弊端在于"助长了对19世纪中国片面、扭曲、偏颇的理解方式"。

与"冲击-回应"说如影随形，同样深刻影响了20世纪50至60年代的理论是"现代化理论"，这也是柯文批判的第二种模式。柯文总结，以列文森为代表的"传统-现代性模式"(tradition-modernity model)认为，儒家思想与现代性源头上互不兼容。中国的旧秩序必须被打碎，才能建立现代秩序。持"现代化理论"的美国学者把中国的悠久历史明确划分为"传统"与"现代"两个阶段。这个理论的潜台词是，中国社会在遇到"现代"之前是静止的，一成不变的。正如法国哲学家孔多塞所写:"那些巨大的帝国,存在从未中断,蒙羞亚洲如此之久,人的头脑……被迫处于无耻的停滞之中。"最为人熟知的是黑格尔的另一段话:"中国历史从本质上看是没有历史的。它只是君主覆灭的一再重复而已。"——在这种叙事里,在世界的现代化进程中,中国停滞,西方进步,似乎已成为毋庸置疑的"史实"。而这样僵化、守旧的古老国度需要多元现代的西方带来转变的生机和现代化。黑格尔称:"在这种视野下,革命很大程度不被视作回应长期、内生问题的方式。"

第三种是"帝国主义模式"(imperialism model)。持这种思考模式的多是当时美国学界一些激进的中国研究学者,他们的初衷是反对前两种取向,认为帝国主义是中国19世纪历史进程的根源。柯文认为虽然这种取向的立论前提有别于前两种取向,但也过分夸大了西方的历史作用,堵塞了从中国社会内部探索中国社会自身变化的途径,在本质上是"西方中心论"下的结论。

最后,柯文明确地提出美国中国学研究的新取向,不过它并不是单一、清晰的路径,而是各种研究方法的集合,柯文将其称为"中国中心观":它倡导内部视角,强调中国自身的因素才是中国近代变化的主因。他认为将这一视角带入研究最成功的学者,是哈佛大学的孔飞力。柯文也盛赞孔飞力里程碑式的著作《中华帝国晚期的叛乱及其敌人》。

"孔飞力是我的同学,我们毕业以后一直保持着友谊。他非常聪明,我非常佩服他的学术水平。"在柯文看来,孔飞力关注的是西方大举入侵前中国社会变革的本质。"比如说他提到在18世纪,中国的人口增加了一倍,通货膨胀率达到300%……这些事情都发生在鸦片战争之前，它们根本不是西方影响的结果。他是一个非常好的学者，我认为他的见解非常重要，他鼓励美国学者和西方学者以不同的方式来看待中国的过去。黑格尔说：我们面前最古老的国度没有过去；孔多塞认为中国的历史从来没有改变过。孔飞力看待中国历史，不是像黑格尔和孔多塞那样，他充分注意到中国几个世纪以来的变化方式。这不仅仅是一个老的中国——是的，它整体上仍然是一个帝国系统，但是，在此制度之下，许多变化在不断发生。"

柯文在《走过两遍的路——我研究中国历史的旅程》里用了不少笔墨，讲述《在中国发现历史》这本书艰难的诞生过程——与它后面形成的热度形成不可思议的对比。当初，他把书稿陆续投给几家出版社，但都遭遇冷淡。在诸家出版社转了一年多之后，这部书稿最终由哥伦比亚大学出版社接手。出版时柯文也采纳了一名编审的意见，把其中一章的名字——"在中国发现历史"直接用作主书名，取代之前的《美国近世中国史历史著作》。没想到作品刚一推出便大获成功，不但好评如潮，也几乎成为海外研究中国历史的学生必读之物。

即便在成书三十多年后，柯文回顾这部著作，仍然觉得书名起得恰到好处。"这是对黑格尔的观点'中国没有历史'最机智的反驳。"

君子之风

《在中国发现历史》被视为"美国中国学发展史上一次重要的学

术反思"。在这本书里，柯文对自己的导师进行了毫不留情的批判，言辞犀利。"这种批判立场对费正清和列文森公平吗？"这样的声音恐怕也不仅仅是当初出版社评审的意见。

"在写这本书之前会有犹豫吗？因为在外界眼里，您是与费正清关系比较密切的一个学生，您是否担心这种公开而猛烈的学术批判会被视为冒犯甚至背叛？"

在被问到这个问题时，柯文不假思索地摇头否认。"很多人困惑于我与费先生的关系。从表面上看，我对费正清持如此批判的立场，有些人觉得不可思议——费先生对我那么好，在他们看来，我或许是'背叛'了他。但是，不，费先生不是那种心胸狭窄的人。"

实际上，早在柯文完成书稿时，他就在第一时间寄给费正清了。令人感佩的是，当费正清得知柯文在出版过程中遇到困难时，他主动给其中一家出版社写信，形容这本书"极为精彩"，鼓励他们出版。他还告诉出版社，他正在编《剑桥中国史》第十三卷，在该书的导论中他"希望能引用这本书"。

"尽管在那本书中，我对他的'冲击－回应'模式提出批评，他并没有全部接受，但他并不将此视为个人恩怨。他拥有非同寻常的人格，所以我真的对他怀有极大的钦佩之情，一直到今天……"说到这里，沉浸在回忆中的柯文陷入了沉默。

还有更令人动容的故事。

1991年5月的一个清晨，费正清打电话给柯文，告知他因心脏病正在医院接受治疗。

"他说他不知道能否扛过这一关……然后问我是否愿意负责他最近几年一直在写的《中国新史》，他要求我读完他写的章节，并点评它们。最后他问我：'如果我无法完成它，你能为我完成吗？'"

尽管柯文非常清楚，他的学术观点和方法与费正清的有些差异，但此时此刻，他也意识到这是费正清生命最后阶段的嘱托。于是，他郑重地说：是的，我愿意承担起这个责任。

这番通话之后的四个月里，费正清与柯文一直就此书频繁联系。费正清最终还是坚持完成了《中国新史》的全部书稿。1991年9月12日，他和妻子费慰梅去哈佛大学出版社递交了完整打印本。几个小时后，费正清心脏病发作，两天后离世。

此后，柯文如之前承诺的那样，负责了出版后期的一些编辑工作，以及与哈佛大学出版社的合作。"这意味着我和他的关系是不寻常的。我曾经以费正清的批评者而闻名，但他并没有把它放在心上。我只能说，没有多少人能够像我们一样，把学术讨论放在个人关系之上。"

其实，在正式开展对费正清和列文森的批判前，柯文在《在中国发现历史》开篇的绪论里，特地引用了费正清和列文森的两句话，大约是作为间接的致敬，也颇有学术界的骑士之风。柯文说，费正清本人最重要的一点是他包容所有异于自己的观点和学说，即便他本人未必同意对方的观点。他有一次"用费式简明扼要的风格"说："不站在前人肩膀上，踩在前人脸上，人类怎么进步？"柯文也对列文森充满钦佩之情，早年柯文去加州探望好朋友时，与列文森有一面之缘。1969年列文森因意外去世，柯文震惊之余也非常难过。柯文相信，虽然列文森因为早逝"不能对刚刚涌现的解释历史的新潮流做出反应，但是他目光敏锐，思路精细，从来没有把自己永远束缚于任何假设的框架之内"。

"在中国发现历史的中国热"

1985年的一天,有人敲开柯文在哈佛大学办公室的门。来者自我介绍叫林同奇,之前在中国国内从事外语教学工作,现在在费正清中国研究中心做访问学者。他说读了《在中国发现历史》一书,觉得很有必要翻译成中文并介绍到中国。

"但当时是1985年,没有几本美国的学术著作被翻译成中文出版。可是林同奇说他会翻译,而且会努力促成该书在中国出版。我根本不相信他,我想他一定是疯了!"其实早在1977年,柯文就第一次访问中国。当时中美关系逐渐解冻,美国方面组织了一个"对中国感兴趣"的美国青年政治领袖代表团,柯文作为中国问题专家也受邀前往,但当时他与中国学界并无多少交往。

有趣的是,柯文在中国台北学习期间,给自己取了一个接近他英文名字 Paul Cohen 发音的中文名字"柯保安"。等到美国学界与中国学界恢复交往之后,"我开始意识到'保安'这个名字不太妥当,我后来自己改成'柯文',一直用到现在"。之后,"柯文"这个名字越来越多地出现在中国大陆学术界。

让我们回到1985年。尽管对林同奇的提议将信将疑,柯文还是同意让他做翻译。在那个没有电脑的时代,林同奇就是在传统的四四方方的格子纸上写下初译稿——一章一章地翻译,然后给柯文看。柯文提出修改意见,林同奇再出修订版。二人达成共识后,再开始处理下一章。

1989年,《在中国发现历史——中国中心观在美国的兴起》中文版由中华书局出版。这是柯文第一本被翻译成中文的书，它在中国受到超乎寻常的欢迎，此后屡屡加印。不过从另一个角度说，这本书引起的热度，或多或少也与它拥有"中国中心观"这一耀眼的主题有关。而这要归功于译者林同奇——原书的副标题是 American Historical Writing on the Recent Chinese Past（美国关于近代中国的历史写作），而他直接以"中国中心观在美国的兴起"代之。

中国人民大学清史所教授杨念群是在读书时知道柯文和他的作品的。"它在国内有很大影响，是因为它与当时整个国内的学术潮流不太同步——当时的时代思潮是主张'走出去'，采用西方社会科学去理解中国，理解这个世界；但是柯文提出的'在中国发现历史'与此相悖，国内的读者第一反应会有些不解，但是也觉得有新意：除了拥抱西方、拥抱现代化，我们是否还可以有另一个路径？"

杨念群说，在此之前，费正清的"冲击－回应"理论的影响非常大，而且大家也基本认可他的思路。"费正清的结论给人一个印象：中国像被包裹在一个传统的外壳里，只有西方冲击才能打开。但是在柯文看来，中国本身隐藏着一些类似西方的现代性因素，我们应该从中国内部来寻找这些因素。如果找到了，那就说明中国文化是有活力的，它的历史不需要完全依赖西方进行解释。这给当时的我们以非常大的启发。"

杨念群说，柯文的"在中国发现历史"展示的是美国的中国学变革，是美国本身对学理的反思，但是反过来这套方法论对中国学者又有很大的影响。"柯文在批判了几种模式之后，提出一个非常著名的观点，即看中国应'一横一纵'。一横，即是应该把中国分解成不同的地区——类似人类学，有点像费孝通先生那样做民族志，一个地区、一个地区地做，这样就把'铁板一块'的'整个中国'分解成一个个的个案，从而可以更详细地研究；一纵，可以理解为我们不要老是看帝王将相，而是要看普通的人民群众，做社会史、民众史。他认为应该从这个角度来理解中国，影响非常大。中国学者从（20世纪）90年代以后开始做区域史和社会史，这才是慢慢接近中国本来历史状态的一个最好的方式。"

杨念群提醒我们，当年"在中国发现历史"或"中国中心观"之热，其实也暗含了另一个主线，那便是（20世纪）90年代前后出现的"国学热"和"文化热"——"就是提倡我们要重新发现中国传统文化里的一些因素，'在中国发现历史'跟这个思潮是呼应的。理解柯文在中国的影响，也要增加这样一个视角"。

"柯文是为数不多的认真撰写关于历史技艺的历史学家。"柯文的哈佛师弟、著名历史学家周锡瑞评价说，柯文因《在中国发现历史——中国中心观在美国的兴起》"首次在他同时代的小圈子之外引起关注"。现在，"对寻求美国历史学的清晰总结的研究生来说，这是一本必看之书"。

饶有趣味的是，周锡瑞当年也曾向费正清的"冲击-回应"论提出挑战，但是此刻，他却从另一个角度发出"警告"："很多学生在读完此书之后，认为费正清的书不再值得一读，那是因为他们不了解费先生著作的精髓所在。我要求我的研究生一定要看费正清本人的作品，尤其是他早年对海关的研究（《中国沿海的贸易和外交》），特别细致、特别严格，运用各种材料——有中文的、英文的材料，费先生在学术上的贡献不能被轻视。"

复旦大学葛兆光教授也表达了类似的观点。他说："柯文教授提出的'中国中心观'指出了'冲击－回应'论的问题；但我个人觉得恐怕有'矫枉过正'之嫌……'冲击－回应'理论至今仍然有生命力，而且它可以解释大部分历史资料，只是需要补充一点：同样的冲击，'各有各的反应'。"

"最具冒险性的著作"

从某种意义上说，柯文是个野心勃勃的历史学者。《在中国发现历史——中国中心观在美国的兴起》狠狠地挑战了学术权威的"范式"之后，他的学术兴趣其实已悄然发生另一个重大转移——用他自己的话形容，他开始对"历史认识论"的问题"心醉神迷"。这个结果，便是他1997年推出的又一本令历史学界大开眼界的著作《历史三调》。

从表面上看，《历史三调》是一部关于义和团运动的历史之作，但它与我们认知里"传统"的历史书非常不同，采用了一种非常特殊甚至大胆的结构方式——将义和团置于三重框架中来研究：第一重，"事件"，即历史学家后来叙述的义和团的史实；第二重，"经历"，是义和团运动不同阶段亲历者的经历和感受，指出后来重塑历史的历史学家的看法与"当事人"对正在发生之事的看法大为不同；第三重，"神话"，讨论20世纪初中国在不同历史时期对义和团的不同阐释和种种"神话"。这三部分，构成了"历史三调"。他也以历史学家的眼光颇具洞察力地指出，义和团在后世的叙事里被不断地更换面目，事件的根本原因，在于义和团"以最引人注目的方式挑明了20世纪中国历史上文化领域中最重要的问题",那就是：人们是以矛盾的心情看待西方的——西方既代表帝国主义,又代表现代化。当它被看成前者时,对义和团的解读就是正面的；反之,义和团便成了"盲目排外"和"愚昧"等的代名词。

在采访中,柯文一再强调,他表面上写的是义和团,实际上义和团只是一个载体,他想讨论的是个人记忆与集体记忆、历史记忆与现实之间的复杂关系。"在书的结论中,我提出了一个问题,即义和团事件有多大的代表性？它是独一无二的吗？后世的历史书写是将历史作为神话,还是将历史作为历史重建？……虽然《历史三调》侧重于义和团,但我强烈地认为,'事件、经历、神话'这些概念不仅仅适用于中国,也适用于其他国家和其他地方。它实际上是关于历史学家如何看待历史问题等更广泛的研究。"

"《历史三调》更像是一本历史方法论的书。"在杨念群看来,柯文在《历史三调》中"走得更远了一些","我在课上讲历史方法论的时候,把它当作一个例著,列入后现代的一个方法论来讨论"。杨念群说："他实际上在讨论历史的客观性问题,他认为历史是一个主观的建构过程——也就是说时代有一个主题,而对这个时代主题的回应,就变成了历史书写的一个最重要的任务；如果时代的主题发生了变化,历史的书写也会随之变化,这是一个非常后现代的观点。"

"我有一个非常有趣的职业经历,我在中国最有影响力的两本书,是我在美国出版最困难的两本书。"柯文不无幽默地调侃自己。有意思的是,《历史三调》这本后来在中国学界获得极大声誉的著作,最初的出版也是困难重重。与《在中国发现历史》一样,当它克服重重困难终获出版后,立即收到热烈回馈——出版当年,即获得了分量极重的两项大奖：美国历史学会费正清东亚历史学奖和新英格兰历史学会最佳图书奖。

柯文至今也以此为最自豪的著作。令他非常高兴的另一件事情，是当年一位评审将此书与史景迁的名著《太平天国》(*God's Chinese Son*)相提并论，说这两本书"可能是迄今为止出版的有关中国现代史的最具冒险性的著作"。能与史景迁这位大历史学家的著作相提并论，令柯文毫不掩饰他的兴奋。他个人的感觉是，《历史三调》出版后，他在中国的知名度增加，被邀请到中国开学术会议的次数也越来越多。柯文在回忆录里也详尽描述了他参加的几次学术研究会，对当时讨论的氛围、热切程度进行了详尽描述，现在读起来不禁令人感慨。

"我不需要标签"

"《历史三调》代表着柯文教授学术方向的重大转变。"雷颐评价称。后来，柯文更愿意讨论历史与故事之间的关系。循此进路，柯文在2009年出版了《与历史对话：20世纪中国对越王勾践的叙述》。对一代又一代中国人烂熟于心的越王勾践卧薪尝胆"被神话"的故事在20世纪中国的关键时期——从辛亥革命、民族救亡直到60年代"反修斗争"和"三年困难时期"曹禺的话剧《胆剑篇》——所起作用进行了层层剖析。

如果说"起初历史于我是中国史"，那么后期柯文的讨论早已超越了具体的历史人物或事件，而进入历史哲学的讨论。比如他2014

年出版的《历史与大众记忆：故事在危机时刻的力量》，聚焦于六个国家——塞尔维亚、巴勒斯坦、以色列、苏联、英国、中国和法国。它们在20世纪都面临着严重的危机，每个事例中的危机都涉及战争或战争威胁。为了应对危机，受到影响的民众和国家都在利用那些与现实发生之事有类似主题的古老历史故事。在这部作品里，柯文展现出广博的阅读和厚实的知识基础。他旁征博引，纵横捭阖，信手拈来，对小说、艺术，作品显示出深厚的功底，令人叹服。

"虽然柯文教授的学术思想、研究路径发生了相当重要的变化，但其中不变的是深刻的自我反思与批判精神，对自己所处'学术共同体'共奉的范式的反思和批判精神。"学者雷颐评价。在他看来，柯文后期的作品更加注重历史叙述，柯文本人也从早期的研究某位具体历史人物或事件的历史学家逐渐向历史理论学家演变。"其实像布罗代尔或布洛赫这些年鉴学派的历史学家都有类似的路径。"

"在完成一些具体的历史描述之后，很多历史学家都想要归纳、总结、提炼，形成一种对历史的总体看法，包括我自己。至于能做到什么样的水准，与个人天赋、能力和学识水平有关。当然布洛赫和布罗代尔都有多卷本的著作，他们对欧洲的历史起源问题有更深的洞察，他们都是大师级别的，我们或许没法和他们比，但至少这是我们历史学家共同的心愿。"杨念群承认，作为历史学家，这个群体已经不满足于对历史的本身做一个简单的记载或描述，"你得赋予它一定的意义，这个意义与时代的个人的思考相连接，这样历史才会被激活"。

柯文后期的著作里多次提及对"历史"含义的讨论。其实他的注意力已不再是某一段具体的历史事件，而转变为"历史学"

（historiography）的研究。有一些评论把柯文归为"后现代"历史学家。当被问及他是否认同这个归类时，柯文断然回答："我不同意！"他转而说："我没有标签，我不需要任何标签。"

"在我整个学术生涯中，长久萦绕于心的是我期望深入中国、像中国人自己亲历历史一样，最大限度地重构中国历史，而不是关心西方人自以为富有价值、符合常规的历史。简言之，我想摆脱中国历史研究中'欧洲中心观'或'西方中心观'先入为主的观念。"

如今的柯文每天保持固定的工作时间，整理回忆录，重溯"走过两遍的路"，一副怡然自得、置身江湖之外任人评说的姿态。"每一代历史学家，都要重写上一代历史学家写下的历史。"这是柯文对待上一代的宣言，也是他坦然面对注定将被"下一代"重新书写的态度。

裴宜理

研究中国革命，如此复杂，如此迷人

在研究中国的美国学者里，裴宜理有一个特殊的身世：1948年，她出生于上海，父母皆为上海圣约翰大学的教授。但她出生不久，全家便因时局的变化而离开中国。她后来打趣说，也许她一出生便与"革命"二字紧密联系在一起，她终生对中国的革命抱有兴趣。"没有革命，我很可能在中国长大。我自己对中国革命一直很好奇，而且想知道革命为什么发生，又给中国带来了什么后果。"

裴宜理的青年时期也是在左翼运动汹涌澎湃的全球"革命"浪潮中度过的。这更坚定了她未来的学术志向。中国的大门打开之后，她成为第一批获准进入中国进行田野调查研究的外国学者之一，她的研究兴趣主要集中于近现代和当代的民众反抗与底层政治，横跨政治学与历史学领域。有人形容她的研究是破解"造反的密码"。她著述丰厚并屡获大奖，《美国历史评论》评价称其"兼具社会科学家对秩序的热爱与历史学家捕捉精彩故事的眼睛"。

裴宜理先后执教于亚利桑那大学、华盛顿大学、加州大学伯克利分校，1997年起任教于哈佛大学政府系。除了教学工作，裴宜理最大的一个特点在于她对公共事务的参与。裴宜理曾出任哈佛大学费正清中国研究中心主任、亚洲研究学会（Association for Asian Studies）主席会长；自2008年起，她出任哈佛燕京学社社长，为中国研究培养了一批杰出的学生和学者。我们的采访就约在哈佛燕京学社的办公室里。办公室不大，墙上悬挂的黑白照片记录着这个近百年历史学术机构的重要时刻，散发出一种幽深的历史感。

"自从我成为主任后,我一半时间在哈佛燕京学社,另一半时间在哈佛当教授。"裴宜理现在仍活跃在教学一线,而且节奏并没有减缓。每周三下午1点半到3点半,是她开放给学生的时间。每个学生要提前预约她的时间,简洁地阐明自己的问题,得知她给了我三个多小时的采访时间后,她的学生都表示很羡慕拥有这个"奢侈"的机会。

不知道是否因为家庭早年的经历给了她包容而开阔的胸怀,裴宜理性格爽朗、快人快语,接受采访时不时爆发出大笑。即便是回忆起家族的曲折经历,偶尔显露黯然之色,她也会马上掠过这种情绪,你很难不被她感染。

中国这一百年发生了太多太大的变化,有朝代交替、有政党交替、有领袖人物的兴衰沉浮……这或许正是吸引作为政治学家的裴宜理研究中国之处。"中国在过去的一百五十年里,几乎有各种各样的政治实验,研究它们的得失成败,令人兴奋而着迷。"

革命炮火中的诞生

"您是在中国出生的?"

"是的。"

"您为什么出生在红色中国?"

从少女时期起,很长一段时间里,每次跟随全家人一起回到美国,无论在机场还是码头,移民官打开她的护照之后,总会发生如上一段对话。

"我会说,我出生的时候它不是红色的,只是有点'粉'而已。"半个多世纪后,裴宜理坐在哈佛燕京学社的办公室里回忆往事,忍不住一阵爽朗的大笑。转而,她的神色变得凝重起来。"是的,我的父母都生活在中国的多事之秋;没有革命,我也很可能在中国长大,所以,我们家确实与中国有割不断的联系。"裴宜理出生于一个宗教色彩浓厚的家庭,她的父母皆为美国圣公会(The Episcopal Church)的传教士。虽然关于父亲查尔斯·佩里(Charles Perry)的记述并不多,但从女儿的回忆当中也可以感觉出,他是一个经历独特的人。查尔斯·佩里早年在哈佛大学学习过中文和日文,对东亚情有独钟,他后期还曾到科罗拉多州的海军语言学校学习粤语,以准备与当时在中国南方的国民党合作。

1931年,查尔斯·佩里远渡重洋,到达上海,在圣约翰大学教书。圣约翰大学创建于1879年,原名为圣约翰书院(St.John's College),由美国圣公会主办,是中国成立最早的一所教会大学。正是佩里到达中国的这一年,爆发了"九一八事变",东亚时局酝酿着动荡和不安。在日本占领东北之后,佩里特地去了一趟东北,"他还写了一本非常有意思的日记,讲述他在满洲里的旅行经历。他对这一段历史非常感兴趣"。查尔斯·佩里在中国结识了他未来的妻子凯瑞[1]。裴宜理说,其实"中国"并不是妈妈的首选项。"她们姐妹三人本来都希望去夏威夷做传教士。但教会告诉她们,夏威夷已经没有位置。妈妈看了看地图说:离夏威夷最近的是日本,那就选日本;如果

---

[1] 中文名为孔凯利。

日本也不行，就选中国。"就这样，学文学出身的孔凯利到了上海，在圣玛丽女子中学教书。虽然中国是孔凯利的"第三选择"，但等真正到了上海之后，她一下子就喜欢上了这里。在上海，同属圣公会的两个年轻人由此相识、相爱，孔凯利后来也转到圣约翰大学。有意思的是，裴宜理年少时期从未记得父母用中文交流过，"因为父亲只会普通话，而母亲只会上海话"。

裴宜理的父母是1937年夏天结婚的。因为查尔斯长期对日本文化也很感兴趣，他们选择去日本度蜜月。孰料就在这个夏天，爆发了举世震惊的"七七事变"，中日战争被全面点燃。"他们度蜜月时也听到了日本侵略中国的消息，但不敢确认，于是去了东京的美国大使馆询问传闻是否属实。大使馆的工作人员也许是不想承担责任，并没有告诉他们真相，只是说：不，现在中国没有问题，你们回中国吧！于是他们按原计划，从长崎登上回上海的船。"裴宜理说，父亲年轻时喜欢水上运动，对船的性能很了解。他们乘坐的船离开日本港口不久，父亲就敏感地意识到有些地方不太对劲。他对妻子说："很奇怪，为什么船的吃水线这么低。他跑到底舱去探询究竟，结果发现下面坐满了荷枪实弹的日本士兵！"

很显然，裴宜理父母当年见到的这些士兵，就是淞沪会战打响之后从日本增援而来的兵团——他们无意间成了历史的见证人。这些与他们同船的士兵一到上海就投入侵华战争中，成为残暴机器中的一环。而等待这对蜜月旅行归来的年轻夫妻的，是已被战火燃烧的上海。"母亲后来回忆，当船进入上海时，她已经闻到那种到处都是死人的味道，这是她从未经历过的……"上海的大街小巷哀鸿遍野。等父母回到圣约翰大学的居所时，发现他们结婚时的小教堂已经被日军袭击，家里也被洗劫，结婚礼物全部被日本士兵偷走。

迫于时局，母亲带着刚出生不久的儿子离开上海回美国暂避，父亲则选择继续留守在圣约翰大学。1941年，"珍珠港事件"爆发，日军进占租界，上海全面沦陷。圣约翰大学的外籍教师除了已经回国的，其余的都被关进了集中营，其中就有裴宜理的父亲查尔斯·佩里。直到两年后美日政府交换在押人员时，他才被释放回美国。母亲到纽约港口接他时，已经认不出自己瘦骨嶙峋的儿子。但是没过多久，查尔斯希望能回到中国。"在美国海军的帮助下，他如愿回到中国，帮助国民政府一起对抗日本人。"

1945年，二战结束，母亲也回到中国。对这个家庭来说，这是他们在中国一段短暂的安宁时光——1948年9月出生在上海的裴宜理便是这段生活的结果。不过，年幼的她对当时的生活没有任何记忆，只是后来从父母的言谈及留下来的影像中得知一些片段，比如他们全家住在圣约翰大学一幢漂亮的西式房子里，父母常常邀请中国学生来家里做客、交流……

1949年，解放战争已到最后决定性时刻，"母亲带着我和两个哥哥先离开了中国，而父亲想再一次留下来"。但几个月后，局势更加动荡。一篇铿锵有力的《别了，司徒雷登》，明确宣告了对美国的态度。查尔斯·佩里很快接到美国大使馆"必须马上离开"的通告。万般无奈之下，查尔斯·佩里自此告别这个他断断续续生活了十八年的国家。

朦胧的中国

回到美国后，查尔斯·佩里回到他曾经就读的大学教了几年书，但遥远的东方一直是他和妻子念念不忘的地方，"我父母都想回到亚洲当传教士"。中国肯定是回不去了，但是当查尔斯·佩里提出要去日本时，所有人都非常意外，妻子尤为震惊。她对丈夫说："你在上海看到了那么多侵华日军，你本人又被日本人在集中营里关了两年。在遭受那么多痛苦之后，你为什么要选择日本？"

丈夫的回答是：导致这一切的原因不是日本，而是战争。"我想父亲选择日本并不是出于宗教原因，而是出于学术原因，这让他兴奋；我知道父亲的确对日本和中国都很着迷，他并不认为战争完全反映了日本文化的本质。"妻子最终还是选择跟随丈夫。她说：如果你想去，那就是我们要做的。1951年，他们举家搬到东京，裴宜理的父亲在圣公会创办的日本立教大学教书。

微妙的是，很长一段时间，"中国"成了一家人心照不宣回避的话题。"我母亲后来说：我们一直在谈论中国，但就此打住吧！因为我们不再生活在中国了。让我们把在中国的一切忘了，真正专注于日本吧！或许他们认为那扇大门已经关闭，沉浸于回忆只会让他们痛苦。"

"唯一真正谈论中国的时候，是我们有朋友来访的时候。"裴宜理回忆说。之前在圣约翰大学的同事来东京探望他们一家时，"中国"自然而然地成为一个话题。父母与朋友间关于中国零零散散的谈话，成了她小时候对中国点点滴滴的印象，也让"中国"笼罩上一层神秘感:"我知道我是在中国出生的——我的护照上标着这一点;我知道我的父母喜欢中国,但他们并不经常谈论她。所以她对我来说似乎有特别的意义。"

有一次,裴宜理父母的好友、当年同在圣约翰大学教书的罗伯茨教授(Donald Roberts)夫妇来东京探望他们。"我记得晚餐时,他们开始谈论中国。我非常感兴趣,问了他们很多问题。罗伯茨教授转身对我说:'噢,你非常聪明!'我在东京的一所基督教学校上了两年学,但我不喜欢那个宗教气氛非常浓厚的学校,总是找个理由在家里待着,在学校表现也不怎么样。这是第一次有人这样评价我,所以我非常兴奋。他又问:'你怎么会对中国有这么多了解?'我说:'我感兴趣,当我父母和客人谈论这些话题的时候,我就想了解。'他们离开之后,我爸爸对我说:'你知道吗?罗伯茨教授非常严格,他认为你很聪明,这可是一个好消息!所以你要努力!'这次谈话让我对中国持续保持兴趣也有非常重要的影响。"

裴宜理对日本生活的回忆总体是美好的。虽然当时距二战结束时间并不长,作为生活在日本的美国人,似乎处境有些微妙。母亲后来经常回忆起一件事。有一次,她的日本学生抱怨美国二战期间对东京的轰炸。他们指着窗外说:我的房子原本就在那片街区,但美国飞机把它炸掉了。母亲很平静地回答说:"对你的遭遇,我非常抱歉。但是你知道吗?因为日本人的轰炸,我在上海失去了一切……"这句话说完,曾经敌对的双方似乎突然达成了奇妙的和解。"母亲想说的是,这是战争导致的不幸;另外,我们现在必须超越这一切,无论是抱怨还是仇恨。"

仿佛是上帝有意考验他们,这个家庭很快又经历了新的试炼。

1959年感恩节的晚上，全家人正围坐在一起吃饭，庆祝这个美国的传统节日。他们突然听到院子里的狗吠叫不止。父亲出去查看，没有想到一场意外不期而至。

"两个年轻的日本学生喝醉了闯了进来，他们都练习空手道，他们的双手被认定为'武器'，所以当然知道自己有多危险……只用了几分钟，他们就把父亲打死了……他们并不是有计划去袭击我父亲的，他们当时完全处于醉酒状态，也不知道我父亲是谁。"

这位一生对东方抱有浓厚兴趣与关怀的美国人，就这样以令人唏嘘的方式结束了他的一生。"我必须说，我父亲在离开这个世界时正在做让他快乐的事，所以我们不能有任何遗憾。而且我的父亲和母亲都非常虔诚。他们的想法是：这是上帝对他们的旨意。"

裴宜理的父亲离世后，母亲用她对世界的理解来处理这桩悲剧——尽管她的处理方式或许不被大多数人所理解：她非但没有要求重判那两个日本学生，反而为他们求情。"母亲的看法是：那两个年轻学生当时都喝醉了，他们不是故意要害我父亲的，因为这件事而毁掉他们的生活是不公平的。"经过她母亲的一番努力，结果是，其中一个人被释放，另一个被判刑。而在他服刑期间，母亲不但经常去探望，还去法院为他争取减刑，所以那个年轻人只被关了两三年即恢复自由。

父亲去世之后，裴宜理的母亲带着全家留在日本又生活了几年，直到1962年返回美国。后面的岁月对她来说当然是非常困难的。"但她从来没有说来日本的决定是个错误；我想她的感觉正好相反，她会认为这是上帝对我父亲的安排，所以她应该接受这种命运。"裴宜理的父母后来都葬在了日本。

政治初意识

对裴宜理来说,在遭遇家庭变故之前,她在日本的生活是美好的,"我很喜欢日本,对日本文化也很着迷。"

民众抗议活动是裴宜理后来的学术兴趣及学术方向之一。而她对此最初的感性认识,即来自早期的日本经历。20世纪50年代初期,每逢五一国际劳动节,日本共产党和日本社会党都会组织劳工抗议活动。其中有一次,裴宜理的父亲正巧经过抗议活动现场,抗议者见到这位美国人,他们开始敲击他的车窗玻璃,汽车也被人群团团围住……父亲回到家后,家人发现车窗玻璃几乎全部碎掉,震惊中的父亲几乎在发抖。平静下来后,父亲尝试着向女儿解释什么是五一国际劳动节,而那些人在抗议什么……这让小小的裴宜理对民众抗议这种形式产生了浓厚的兴趣。

1960年6月11日,近六百万日本人走上街头抗议新版《日美安保条约》,仅在美国驻日本大使馆附近,就有近二十万日本抗议群众,这庞大的抗议人群里,就有12岁的裴宜理。她特地逃学,走上街头,参加反对《日美安保条约》的游行。在她的理解中,这个活动的实质并非"反美"而是支持和平,"人们似乎很高兴有一个美国小孩子来参加"。从某种意义上说,这是她第一次参加"群众运动",也是她第一次体会到群众运动的力量——时任美国驻日本大使哈格蒂乘坐的防弹轿车也被示威群众包围,其本人不得不从后门溜进大使馆;本来预定在6月19日访问日本的艾森豪威尔,也被迫无限期推迟访问。

孩童时期的裴宜理好奇地观察到,在一些抗议活动中,民众的表达方式与庆祝宗教节日的仪式有很多非常相似的地方。比如，在日本的宗教节日中——与中国类似，人们会抬着轿子参加游行，轿子里坐着一个"神"，然后以一种蛇舞的形式到处走动。"我很喜欢这种仪式，所以我经常参加我们附近的日本民间节日（庆祝活动）。我对日本的政治抗议感兴趣的部分原因也来源于此。"

这个早期经验后来也变成她观察政治活动的一个独特视角。比如，她在对中国革命发源地之一安源的调查中就发现，李立三是如何智慧地利用传统的手法，来达到他动员工人参加革命的目的：在五一国际劳动节这一天，李立三组织了一次工人游行。"游行队伍当中，有一顶八人抬的大轿子，一般来说，地方上的这种庆典，轿子上抬的都是土地神等民间宗教中的神，但是这一次，轿子里面是一尊马克思像。"这个细节被裴宜理用来解剖国家政治动员与传统文化之间的关系。

1965年，16岁的裴宜理进入威廉·史密斯学院（William Smith College）就读。她迅速置身于另一个汹涌澎湃的政治环境中。1960年至1970年，中国的"文化大革命"与美国的反越战运动，是当时世界政治舞台上的两支重要曲目。一批深受它们影响的青年学生开始把眼光投向中国的民众运动，裴宜理和周锡瑞等著名中国学家都是从那激情燃烧的岁月里走过来的。裴宜理后来总结说："虽然我对民众抗议的直觉兴趣来自在日本生活的经历，但我的左翼思想更多地来自大学时代。"她在大学里非常活跃，参加过帆船俱乐部、戏剧俱乐部、政治俱乐部……但"政治"是她更持久的兴趣和更大的关怀。她还记得和大学同学一起搭乘巴士去华盛顿，在五角大楼前参加抗议越战的游行。

也是在这段时间，她与她的出生地中国之间那种看似微弱的联系，以某种方式变得强烈起来。威廉·史密斯学院规模并不大，但有一个"毛泽东思想学习小组"，裴宜理是其中一员，她和同学们一道学习毛泽东思想，并对中国政治产生了浓厚的兴趣。

裴宜理介绍说，20世纪60年代，信仰毛泽东思想的美国学生尽管是少数派，但在校园里非常活跃，也派别众多。其中最有名的左翼团体是"学生争取民主社会组织"（Students for a Democratic Society，简称SDS）；在华盛顿大学读研究生时，她加入了SDS的分支"革命组织委员会"（Revolutionary Organizing Committee，简称ROC）。不过那时的裴宜理尚未把未来的研究焦点集中于中国革命，只是对"革命"有广泛的兴趣。

大学三年级的夏天，裴宜理参加了一个学生代表团，去日本和韩国开会。代表团的大部分成员是来自世界各地的左翼学生领袖，这些血气方刚、胸怀世界的年轻人讨论了不同的政治思想。这次会议对裴宜理来说还有一个间接成果，"我在那里认识了一些来自（中国）香港的学生，他们说服我，让我下决心开始学习中文"。

但她所在的大学没有中文课程，她只能借助图书馆的录音机和几盘磁带开始自学中文。她问学校，是否可以凭借自修中文而获得学分。学校的回答是：我们没有中文课程，怎么评估你的学习程度从而给你学分？裴宜理不甘轻易放弃，她想了一个解决之道。康奈尔大学离她所在的威廉·史密斯学院有一小时的车程，而那里有中文课程。她跟校方说："如果我自学到达一定程度，我可以找康奈尔的一位教授来测试我。如果通过，我可以得到学分吗？"学校只好同意。

"但私下里，我想他们肯定认为'你凭自学学会中文，这是不可能的！'"回忆到此，裴宜理又是一阵爽朗的大笑。裴宜理后来联系上康奈尔大学的一位教授，对方说：你先通过磁带和语言书自学三个月，然后到康奈尔来接受我的测试。三个月后，裴宜理顺利通过了考试。"我想我那时的中文还是很糟糕的，但那位教授非常善良，让我顺利拿到了学分。他说：你得真正接触中文的环境，靠听磁带和读书是不够的。于是大四我只上了一个学期就毕业了，然后就去（中国）台湾学习中文。"有意思的是，她在台北的中文老师是在北京长大的，她很奇怪这位美国学生的口音，有一次忍不住发问："你的口音是从哪里来的？你在美国的老师是东北人吗？""我否认，我想说我的老师是'录音机'而不是东北人，但我那时又不知道如何说'录音机'这个词！"回忆此事，裴宜理乐不可支。

"裴宜理"这个中文名字也是在台北学习时取的。不过直到很久以后，有一次她查看父亲的书，看到上面的中文图章时，她才发现父亲的中文名字是"潘学思"。"所以我应该姓'潘'而不是'裴'"，提及这一点，裴宜理流露出一丝遗憾之情。

追寻中国革命的起源

在密歇根大学攻读政治科学博士学位时，裴宜理最初的想法是把中国的"文化大革命"作为博士论文题目，但遭到了一位指导教授的反对。"他认为我对'文化大革命'太过同情；另外，虽然表面上看，我们这里有很多关于'革命'的材料，但其实都是宣传性质的，我们对它的真实情况所知甚少。"虽然当时对老师的反对难免心生失望，但现在回忆起来，裴宜理非常感激导师的建议。

后来，她下决心用与当时流行观点不同的视角、方法去探索中国革命的起源问题。

"如何理解农民革命，这是一个被许多关注农民问题的各科学者所忽略的问题。"她解释自己的研究动机时说："农民以革命的面目登上世界历史舞台这一事实，推动了许多试图解释农民叛乱原因的社会科学理论的发展。人类学家、历史学家、社会学家和政治学家都对这个重要问题提出了他们各自的答案。"

此时的裴宜理已经显示出她的"学术野心"：她决定通过对一个地区的研究来考察造反者与革命者之间的关系。这一计划必须集中在一个地区，她把这个地区选在淮北。淮北曾是著名的白莲教活动中心，这一松散的民间宗教组织曾在该地区发动过多次反叛。从某种意义上讲，裴宜理的研究路径和方法论，也是新一代美国研究中国史的学者的典型代表。与上一代刻意观照中西碰撞下的宏大事件的叙事传统不同，他们已逐渐将研究的焦点从过去的"整体研究"转到地方史的研究上。

不过，裴宜理当时还颇费了些功夫来说服密歇根大学政治学系同意将晚清农民起义及其与共产革命的联系作为其博士论文选题，因为在当时的政治学主流看来，这项考察需要上溯至19世纪中期，而那属于历史学的范畴。其实，从学术史角度来回顾，以费正清为代表的那代美国学者最大贡献之一就在于开拓了中国历史研究的"疆域"，以一种跨学科的方式来打破"历史学"与"社会科学"的区隔，进而以一种"中国研究"（或东亚研究）的区域研究方式来进行。而裴宜理无疑也是受其影响的众多学者之一。

因为众所周知的原因，像其他学者一样，裴宜理选择赴中国台北故宫博物院看档案做研究。期间也穿插着去日本，在东京的图书馆做资料收集工作。

"我当时是如此年轻而天真，完全不知道这个选题的难度——不然我绝不会蠢到选择这个方向做论文。"她又是一阵爽朗的大笑。虽然她幸运地得到了很多人的帮助，包括同在那里做研究的几位美国历史学家给予她很多建议，密歇根大学另一位研究中国历史的著名学者费维恺教授也细心地告诉她明、清各种档案的位置，但是，她"完全不知道关于这个问题的原始资料是如此分散，它们的类型又是如此不同"。

另一个主要障碍是语言。虽然读研究生的时候，裴宜理也系统学习了两年的中文（包括文言文），但她从来没有像那几位来自美国的历史学家那样，接受过专门的阅读清代文献的训练。所以当她第一次在台北故宫博物院看到清朝档案的时候，她几乎被绝望击垮："我永远无法读懂这些档案！"

裴宜理写信给在美国的导师，实际上是想打退堂鼓。"我告诉他我原来的假设完全错了。中国的共产革命和之前的农民起义关联不大，共产党人其实拒绝了之前农民起义的大多数观念；而且这些关于农民起义的明、清档案实在太多了！我没有意识到阅读清朝档案有多困难，言外之意是想把研究重点放在时间更近一点的红枪会和新四军，而不是捻军，并且主要用二手的中文资料。"

岂知导师在回信里以不容退缩的口气说："你得完全做原始档案的研究，而且得看所有的东西。"裴宜理也知道，导师并不懂文言文，对阅读梳理明、清档案的难度毫无概念。但她还是非常认真地听从了老师的建议。"我后来真的是一心一意地去阅读那些档案。为此，我也无限感激我的导师'逼'我读原始档案。正是在这些档案中，我找到了许多前人未发现的可能性，这让我至今受益。"

没了退路，裴宜理发现，真正投入进去后，自己完全有能力阅读它们。这种乐趣不仅仅是"读懂"而已。"我们当年在台北几乎可以看到你所知道的所有原始档案。比如，你可以拿着两广总督给咸丰写的奏折，上面有咸丰皇帝的批示'知道了'。当你有这种感受的时候，档案内容再晦涩也无关紧要了。原始档案带给人的感受和后来的印刷品或扫描件给人的感觉是完全不一样的。"活生生的历史仿佛就在自己的手里，这种感觉实在令人兴奋。裴宜理后来在北京的第一历史档案馆也花了很长时间查阅资料。

克服了阅读古文这道关，客观上也帮助她打开了一个全新的世界。谈到这个话题，裴宜理有感而发："中华帝国时期的档案材料是非常丰富的，如果你要研究中国历史，你就必须具备研究中国的帝国历史和现代历史的能力。今天很多年轻的中国历史学家不能很好地阅读文言文，从而只能做当代史，这是一个很大的遗憾。"

靠着这些扎扎实实的工作，裴宜理完成了她的博士论文。在论文中，她详细研究了淮北地区在近代的三次民众运动（捻军、红枪会和共产党领导的革命运动），对传统叛乱背后的动力以及它们与现代革命之间的关系提出了与众不同的观点，也开辟了对中国近代农民运动研究的新视角。

1980年，以论文为基础的专著《华北的叛乱者与革命者》(*Rebels and Revolutionaries in North China*)在斯坦福大学出版社出版。这本专著被视为海外中国研究第三代学者的代表之作。学者黄宗智评价说："第三代研究农民运动的青年学者要求把社会经济结构的演变和历史事件结合起来探讨。他们要求在农民运动的历史事件中去探讨社会结构的变化，在结构的变动之中去寻找民众运动的来源和推动力。"裴宜理将她的第一本书献给父母："没有他们，我就不会从事中国研究。"因为父亲已经去世，她问妈妈："我能否只写你的名字？"妈妈回答："不，要写你爸爸和我的名字。"母亲也不同意她写"to the memory of my father and to my mother"（大意为"献给母亲和已故的父亲"），妈妈说：不要写"memory"，因为他仍然"活着"。

"您父母皆为虔诚的基督徒，他们是否有意识地对子女进行宗教上的训练或培养？您后来走的路是否有悖于他们的初衷？"

当被问到这个问题时，裴宜理特地解释说："虽然我父母都有宗教信仰，但他们绝对不是那种狂热的信徒。我父亲的政治立场其实更接近民主党的左派。"她又笑着补充说："我的父母都抽烟喝酒；母亲非常活跃，她还喜欢跳舞、看电影，不论在哪儿都非常受欢迎。"若干年后回忆起自己的成长道路，裴宜理思考了一下说："在我的大学和研究生阶段，我对政治的兴趣已经取代或超越了早期我从传教士父母身上所接受的宗教训练。但在某些方面，它们是相当兼容的，因为我后来的政治观点和我早期所受的宗教指导都是同情弱者，并且思考如何行动去帮助他们。"在"鸡蛋"与"高墙"之间，来自父母的教诲是永远站在"鸡蛋"那一方，"我很小的时候就被灌输了这些道德观念"。

海外的中国研究领域里，有一个非常有趣的现象——很多著名学者或有影响力的人物都来自传教士家庭。比如著名的《时代》周刊创始人亨利·卢斯、司徒雷登、芮效俭、恒安石、白鲁恂（Lucian Pye）等，出生于1948年的裴宜理是这批人当中年轻的一位。

裴宜理说，美国学者大卫·霍洛威（David Holloway）专门写了一本关于美国传教士子女的书。他研究了在美国的很多学者——他们的父母主要是传教士，也有少数是外交官。这批传教士的后代对在美国发展区域研究产生了重要影响。这种现象不仅存在于与中国相关的领域，在拉丁美洲和非洲的研究中也是如此。他们"往往是传教士父母的孩子，然后成为学者，研究那个特定领域。这位教授的论点是，实际上，外国传教士在中国、日本等国并没有产生很大的影响。但他们通过自己的子女，反倒在美国产生了很大的影响，给美国带来了非常自由和世界性的思想"。

重返中国

"你是在中国出生的？"每次回美国，入关时的盘问一度让裴宜理感觉自己是一个"二等美国人"，这个场景1972年——也就是尼克松总统访问中国——之后发生了突然的改变。裴宜理记得非常清楚，那年她从日本旅行回来，入关美国时，像往常一样，移民局官员打开护照，不出意料地问了这一句，裴宜理照例予以肯定回答。

"我在等待下一个问题：'你为什么出生在红色中国？'但没想到，这一次对方的反应是：'噢，真了不起！那你会说中文吗？'我说：'是的，我会说一点。'他说：'我们国家需要像你这样的人。'那是我第一次为我出生于中国这件事感到高兴。"

中美关系解冻之后,美中关系全国委员会(National Committee on Us-China Relations)开始陆陆续续派代表团访问中国。每个代表团都会挑选一位研究中国的学者陪同,以帮助成员们理解中国。1979年6月,裴宜理被选中参加美国的大城市市长代表团,访问上海、北京、南京、广州和杭州等城市。这片大陆是裴宜理出生之地,但在她成长的前三十年里,中国的形象是模糊的,是海关官员反复提及的地方,是她通过材料感知的存在……而这一次,"是我长大之后第一次'真的'去中国"。

亲眼看到长城、故宫,西湖……她兴奋无比。"我每天早早起床,去公园和当地老百姓交谈,我很喜欢这种感觉……"

耳闻目睹的一切,让裴宜理心情很复杂。这种情绪在她回到出生地上海之前变得格外强烈——她生怕父母讲述中的上海荡然无存。"尽管他们和我直接谈及的并不多,但我也知道上海是时尚而有活力的。"但她当时看到的城市,除了苏联风格的展览馆,鲜见新建筑……;一大早,人们起来蹲在街边上刷马桶……这与她之前想象的"发达"截然不同。"我真的很惊讶……"

毫无疑问,"上海"也是母亲的牵挂。行程之前,母亲凭记忆手绘了一幅地图,告诉她如何找到圣约翰大学的老房子。母亲手绘的地图非常详尽,标注了地名和门牌号。裴宜理拿到地图,笑妈妈说一切都是徒劳,因为她相信上面画的基督教青年会或教堂等建筑肯定已不复存在。

等她到了上海之后发现,虽然尖顶上的十字架已经消失,但仍然可以辨别出这里曾是一座教堂。奇妙的是,从旧教堂到老房子,妈妈写下的门牌号竟然还在用，虽然街名已经改掉，于是，她按着妈妈的地图，在圣约翰大学的校园里轻易地找到了老房子。可以想象，房子的状况非常糟糕。她也拍了很多校园的照片，回美国后给母亲看。不出意外，母亲格外震惊，也伤心于圣约翰大学的优美不再。裴宜理出生的医院竟然也还在，不过当年的教会医院现在已变成一家军队医院。尽管她努力了两次，但最终仍未被允许入内。这是她此次上海之行唯一没有获准进入的地方。

几个月后，裴宜理再次来到中国，这一次她的身份是访问学者，获得了在华学习一年的机会。她也是第一批获许进入中国进行田野调查研究的外国学者之一，与她同时来中国的学者还有周锡瑞、黄智宗，他们后来都成为海外中国研究的中坚力量。

裴宜理最初是申请到安徽凤阳去做调研——她很想看一看她通过看材料研究的对象实际上到底是什么样子，但她的申请被拒绝了。她后来才知道，那里刚刚经历了百年一遇的旱灾，为了活下去，小岗村村民写下血书，偷偷开始了"包产到户"的实验。

幸运的是，南京大学的茅家琦教授是当时审核材料委员会的成员。在他的努力下，去凤阳未果的裴宜理去了南京大学。

"……计划经济下的票证年代，我记得吃饭要用粮票，买衣服要用布票，大家都穿着蓝制服……我们互相之间以同志相称，还在学术问题、政治问题的争论中经常引用毛主席语录。"她后来回忆说。裴宜理与在南京大学期间结识的一些同学至今维持着友谊。

但在革命的热潮背后，裴宜理渐渐发现了另一个侧面。比如，作为外国人，她可以坐软卧；对外营业的餐馆也非常少，但像她这样的"访问学者"可以享受"特供"。"表面上看，每个人似乎都是穷人，但有些人却有其他人没有的特权。这显得非常不公平。"不久，时任南京大学校长的匡亚明发表了一个演讲，讲述他在"文化大革命"期间的遭遇。"此后，南京大学的每个人都开始愿意向我们讲述他们的经历。因此，我们开始听到中国非常不同的一面。"

在南京读书时，裴宜理一有空就往上海跑。与安静但略显古板的南京相比，她更喜欢更有活力的上海。1980年春天，母亲来探访在中国学习的女儿，她们一起再次去了上海的许多地方。

在母亲来访之前，还有一个颇有戏剧性的小插曲：裴宜理到南京大学之后，参加了一个关于太平天国研究的讲座。这则消息不久登上了《人民日报》。某一天，裴宜理收到一位陌生人寄自上海的信。写信人说，我只是想知道，你是否碰巧与我的老师查尔斯·佩里有什么关系。裴宜理回信道："是的，那是我父亲。"原来，写信人是她父母当年在圣约翰的一位学生。她在报纸上偶然看到了这个新闻，敏感地注意到几个细节，比如中文姓"裴"，听起来有点像Perry；文章里提到裴宜理出生在上海，而她的老师当年就有一个女儿大约在那个时候出生在上海……对方抱着试探的态度给南京大学写了一封信。她们先见了面，那位学生又联系到她父母的其他一些学生，上一代与中国断了的缘分由此接上。

当裴宜理的妈妈来上海后，这些学生给了她一场难忘的欢迎会。他们仍然记得美国老师当年最愿意去的也是后来为数不多的仍然在营业的餐厅——南京路上的新雅。他们在那里为她精心组织了一场晚宴，虽然裴宜理能感觉到这背后每个学生真实的困窘，因为很显然他们都没什么钱。这注定是一场甜蜜交织着痛苦的聚会。虽然这些学生的年龄比裴宜理的母亲年轻不少，但他们的身体状况明显差得多。

"时隔几十年能与她的学生们重聚,妈妈当然非常高兴,但另一方面,她又非常伤心和震惊于她所热爱的学生们的遭遇。""念念不忘,必有回响",他们彼此的寻找终于有了一个看似圆满的结果,背后却是经历了重重沧桑甚至磨难的人生。"我要说的是,我父母的学生都是最了不起的人。他们非常爱中国。虽然他们遭受了很多痛苦,但苦难之后,他们仍然保持积极乐观的态度,这让我对他们非常钦佩。"

"革命的另一面"

1980年春天,在南京大学蔡少卿教授的陪同下,裴宜理第一次去安徽调查。在写第一本书《华北的叛乱者与革命者》时,中、美尚未恢复邦交,她只能通过史料来了解这片土地和土地上的历史。所以,当"我第一次进入研究多年而从未涉足其地的皖北农村,当时心情之激动,非笔墨所能形容"。

尽管"贫穷"就是裴宜理研究的重要主题之一,但是真正到了淮北,她仍然对眼前的现实感到非常意外。

作为一个外国人,她所到之处都引发了不小的骚动:无论他们走到哪里,周围都聚着大量围观人群。镇政府工作人员纷纷揣摩她的喜好,对饮食尤其下功夫。每一顿饭都为她单独准备,直到有一次,她为蔡教授争取到与她这位"外宾"一同吃饭的待遇。她的到访对封闭多年的淮北来说肯定是一件大事。蔡教授后来告诉她,为了迎接他们,淮北还特地举办了一次烹饪比赛,获胜者有资格为前来参观的外国客人做饭。

他们在蒙城调查结束后准备去涡阳。裴宜理提出坐公交车去。接待他们的工作人员先表示同意，并给了她所有许可证件。但是出发时，工作人员又提出开车送他们去。裴宜理坚决反对。

"我真的想坐公共汽车，因为我想看看普通人的生活。我说：我想实践群众路线，所以要坐公共汽车。这是他们熟悉的口号，无法反驳，最后只好同意。"

蔡少卿教授陪她上了公交车。走了一段时间后，蔡教授突然说了句："看我们后面！"裴宜理回头一看，那辆小汽车从蒙城出来一路跟在他们后面。蒙城当地并没有小汽车，这唯一的一辆是专程从合肥开过来陪同他们的。

当时的涡阳也和蒙城一样，非常不发达。不过裴宜理还是意外于这两个贫穷地方的差异。"这两个在19世纪非常相似的县，现在在许多方面发展得完全不同。所以我一直在问自己：怎么解释这种差异？我得到的答案是，涡阳有一位（在此）工作了很长时间的县长，他想了很多办法为县财政局节省资金、改善当地状况。但在蒙城，每次有风吹草动，领导就发生变化，下一任领导废除了上一任领导的所有政策，他们实际上从来没有什么可以用于植树或开展其他运动的资金……这让我非常惊讶。从那时起，我一直对地方领导的作用感兴趣。"

在中国脚踏实地生活一年的经历让裴宜理意识到，之前对中国和中国革命的看法是相当天真的，它不再是一场浪漫化的想象。"在我早期的教学生涯中，我为本科生的大课做了很多关于中国的讲座，我用非常正面的词语来描述中国的革命和"毛主义"。但在中国生活一年后回来，我完全改变了我的讲稿……这是我最大的变化，但它并没有改变我的学术研究方向——我继续从事关于革命的研究。"她后来总结道。

不能忘记"大问题"

实际上，一直到相对晚的时候，裴宜理才下决心选择中国作为以后的学术研究方向。

"无论在华盛顿大学读硕士，还是在密歇根大学攻读博士，我其实同时在研究中国和日本，更大的范畴是东亚政治，我对这些领域都感兴趣；在我教学生涯早期，在亚利桑那大学和华盛顿任教时，我也同时教中国政治和日本政治课程。"但裴宜理在华盛顿大学教书不久之后，从一名东亚政治学家转变为一名中国政治学家。

"与亚利桑那州不同，华盛顿州拥有庞大的中国研究和日本研究项目，所以我需要在两者之间做出选择。我渐渐发现，中国领域更有趣，因为它与西方政治如此不同。虽然我觉得日本领域也很吸引人，但是就美国的日本政治学领域来看，大多数美国政治学家只是把他们对西方民主国家、欧洲议会民主国家的各种理论和模型应用于对日本的研究，我并不认为这个研究十分有趣。但关于中国的工作则恰恰相反。因为中国政治与欧洲和美国的政治截然不同，她与革命的联系对我来说也非常具有吸引力。因此，试图理解中国的抗议模式——它们从何而来、革命与早期的模式类似还是不同……对我来说，在智力上更有趣。"她又打趣地补充一句："在中国领域,人们之间的分歧也更大。因此,成为其中的一部分更有趣、更有活力。"

有一年,裴宜理在上海开会时遇到时任上海社会科学院院长张仲礼——张仲礼早年毕业于圣约翰大学,碰巧是她父亲当年的学生。见面后,他们互相介绍自己正在进行的工作。听到裴宜理下一本书的工作计划之后,张仲礼打趣说:"不要再写淮北农民了!你是上海人——我很多年前就看到你爸爸在校园里抱着你的样子。为什么不写上海的故事呢?我们那里有非常有价值的材料。"

在张仲礼的建议下,裴宜理的研究目光从遥远的淮北农村转向世界大都会上海,研究重点也从农民起义问题研究变为工人运动研究。她的专著《上海罢工:中国工人政治研究》获得了1993年美国历史学会费正清奖。《美国历史评论》评价她兼具"社会科学家对秩序的热爱"与"历史学家捕捉精彩故事的眼睛"。实际上,无论是早期对农民革命的兴趣,还是后来转向对城市工人运动的研究,那场改变了无数人命运的"革命",始终是裴宜理关注的大问题。著名历史学家周锡瑞在接受采访时,曾提及这样一个细节。2007年,裴宜理当选亚洲研究学会主席发表演讲时说:我们不能忘记中国革命,不能忘记这些大题目,不能忘记如何来理解中国这个大转变到底是怎么发生的。周锡瑞后来将自己的一本专著送给裴宜理,请她提意见。裴宜理回信给他,再一次说:"我们应该多思考中国的大问题。"这其实既是裴宜理对同时代做中国研究的学者的期待,也是时刻对自己的告诫。

除了学术研究,裴宜理还积极参与公共事务和社会活动。1999年,到哈佛大学后不久,裴宜理即出任海外中国学研究重镇——费正清中国研究中心的主任。在她名字之前，是费正清、史华慈、孔飞力、傅高义等著名学者；自2008年起，裴宜理又成为另一个分量颇重的学术机构的掌门人——哈佛燕京学社社长。作为最著名的中西学术交流机构之一，哈佛燕京学社自1928年创立以来已经历了七任社长，从叶理绥、赖肖尔到杜维明等，每一任都是德高望重的学者。出任第一位女掌门人，裴宜理在学界的地位和影响力可见一斑。

裴宜理的研究重点是"中国革命"，这在西方的中国研究学界也许有点"非主流"。所以她当选后面对记者的采访，也有感而发："在很长一段时间里，美国专门研究中国革命的只有区区十几人。汉学界的大部分学者认为，中国革命已经过去了，那段红色的岁月已经被远远地抛在了身后。这几年，研究中国革命的人又多了起来，毛泽东、抗日战争……都成了热门。"她打趣说："否则，像我这种研究冷僻课题的家伙估计成不了哈佛燕京学社的新社长！"中、美之间大门打开，中国重新融入世界大家庭之后，商业和经济上的复兴与繁荣或许是最显性、最直接的成果。但裴宜理感受更多的，则是中国在知识与学术交流上产生的巨大意义。她回忆说，自此与中国"传统的"社会变革的相关研究，一时成为热潮，比如周锡瑞的《义和团运动的起源》以及孔飞力的《叫魂》都获益于这种交流。而她本人近年来有关中国共产主义革命的著作，也都极大地依赖于在中国获得的档案、地方史与访谈录等资料。正是有感于自己受益的经历，裴宜理后期无论出任何种职务，都努力强化和推进这种交流，打造学术共同体。

过去的一个多世纪里，从清朝到"中华民国"时期、再进入中华人民共和国，这块土地上几乎有所有的各种政治实验；而这一百年又发生了太多太大的变化，有朝代交替、有政党交替、有领导人的兴衰沉浮……这或许正是吸引裴宜理研究中国之处，"它们是如此复杂，又是如此迷人"。

访谈

"我是一名政治学家"

问：您写了很多专著，大多数都是关于中国历史的大事件，比如华北革命、上海罢工、安源煤矿……有一些人把您当成历史学家。从学术角度来讲，您怎么定义自己？

答：我是一名政治学家（political scientist），我所有的学位，无论是本科、研究生，还是博士，都是"政治科学"（political science）。我一直在政治学系工作，因为我的（研究）方法更多是在社会科学理论方面的。比如，我们如何解释一场革命的爆发？革命当然是独特的，是对过去的一种突破。那么，它在多大程度上反映了过去？或者在多大程度上带来了政治方面的全新东西？这是我的出发点。对我来说，这更像是一个关于革命的理论问题：是什么导致了革命，以及我们如何理解革命活动的起源。

我从不认为自己是历史学家，我从来没有在历史系工作过，虽然我也曾接到斯坦福大学和芝加哥大学历史系的工作邀请，但考虑再三，我还是谢绝了他们的好意。因为我受到的专业训练是政治科学，如果我接受一份历史系的工作会感到不自在。做一名政治学者，我感觉更舒服，也更有效率。

尽管我喜欢挖掘档案材料，喜欢探求有丰富历史意义的话题，但是我也希望能够说出一些对当代政治有启发意义的东西。我的目标始终是解释"当代"事件，但也注意它们在历史上是如何发展的，并试图追溯它们彼此的联系。

问：作为一名研究中国的政治学家，您所经历的研究范式或研究方向的转变是什么？

答：我写过几篇文章，探讨了不同年代的政治学家研究中国的变迁。

第一代研究中国的政治学家完全是在研究国家类型的问题……一切都与"国家"有关；第二代则是研究"文化大革命"，一切都关乎"社会"，比如研究红卫兵问题；第三代，也就是我这一代，更多地关注"国家–社会"关系，以及如何理解它们之间的联系，等等。

现在或许已经开启了政治学研究领域的另一个阶段——第四代。每个人都对"国家"再次发生兴趣……对政治学家来说，我认为现在他们做的大部分工作都是研究中国共产党如何对中国社会进行治理的。令人高兴的是，每一个阶段，都有人做了不寻常的工作。虽然困难重重，但仍有人坚持在做。

问：您在学生时期就对中国的"文化大革命"感兴趣，如果说当年没有写是因为时机不成熟，那您后来为什么没有一部全面的"'文化大革命'史"，就像麦克法夸尔（Roderick Lemonde MacFarquhar）那部三卷本的《文化大革命的起源》（*The origins of The Cultural*

Revolution）那样？没有写下来，是您的一个遗憾吗？

答：我也写过关于当时上海工人的书，当然不是麦克法夸尔教授的那种风格。我很喜欢他的作品，但我做的工作非常不同。麦克法夸尔教授其实是一位政治历史学家（political historian）。我相信如果有机会问他本人怎么定义自己，他也会这么说。虽然他在政府系教书，但他并不真的认为自己是政治学家——而我则确实认为自己是政治学家，正如之前所说。麦克法夸尔教授从来没有真正地接受过政治学方面的训练，他更像是"记者+政治历史学家"。

麦克法夸尔教授的主要资料来源是回忆录——我认为他做了一项非常了不起的工作，我也很喜欢他的书。但在我看来，他总是把自己放在毛泽东的视角上。有一次，我对他说：我希望你能写点东西，来讲一讲你是如何决定书里采用哪些资料、不采用哪些资料的。他回答说："我做不到，我没有意识到这一点。"我说："但是如果你认真思考一下，让学生们有意识地讨论你的方法论是非常有价值的，因为它非常独特，非常有说服力。显然，你有你的原则，你根据这些原则决定什么要包括进来、什么不要包括，如何解释事件。但你从未告诉我们这些原则，它们只是在你的故事里。"

我对他了解得越多，就越意识到他也是一个政治家。在我看来，他喜欢想象自己是某位领导人，然后试图思考他作为一个政治家如何看待这种情况。这是了不起的工作，但我的方法可能与之不同：麦克法夸尔教授的书，每一本都是关于一个非常小的年份的；而我的书一般都跨越一百年左右。

回到"文化大革命"的话题。我想我对文化的兴趣也比麦克法夸尔教授要大得多。我更认真地对待文化和意识形态的想法，以及被纳入革命运动中的宗教仪式。

问：您与亨廷顿共事过。作为一名政治学者，您怎么看待他的"文明冲突论"？您又怎么评价他的弟子福山（F. Fukuyama）的"历史终结论"？

答：我初到哈佛时，确实与亨廷顿教授一起教过一门课。非常有趣的是，我读研究生的时候对亨廷顿的书持批判态度，因为它被视为非常"右"的作品，但后来我越来越欣赏它。

我认为亨廷顿非常有远见。我1986年至1987年在上海居住期间，推荐了他那本讨论建立政治秩序重要性的书——《变化社会中的政治秩序》(*Political Order in Changing Societies*)，建议将其翻译成中文。这是一本重要的社会科学著作，我相信这本书对很多中国社会科学家的思维产生了重大影响。亨廷顿早期的观点是对的——除非你有政治秩序，否则做不了任何事情。但是当《文明的冲突》面世时，里面有很多观点我不同意。不过我确实认为，在理解不同的群体——不论我们如何定义它——确实存在着重大差异这一点上，他非常有前瞻性。因此，这并不是儒家思想与伊斯兰教或基督教之间的对抗，而是不同类型的世界秩序正在形成自身的文化认同并以此为基础相互对抗。

福山在哈佛大学学习过，不过等我到哈佛的时候，他已经离开了。对于福山的"历史终结论"，我总觉得是非常天真的。这个观点也非常具有争议性，它反映了当时西方的一种普遍感觉，即西方已经赢得了冷战，我们能够以此为基础继续往前走。我喜欢他的作品，但我不同意其中的很多内容。比如，他把中国的领导人与历代皇帝相比，我并不认为这有可比性。

从淮北到上海

问：从20世纪90年代后，您的研究重点从农民起义问题研究变为工人运动研究。其成果——《上海罢工：中国工人政治研究》获得了1993年美国历史学会费正清奖。有评论说，它的成功立足于对大量原始资料的利用。调查对象的丰富性让人印象深刻，有上海卷烟厂的工人、丝厂的女工、舞女……您当年是如何获取这些材料的？在您之前，国内的学者已经对上海工人运动做过不少研究，那您的工作方法或研究角度与来自中国的历史学家有什么相同或不同之处？

答：最重要的档案来自上海社会科学院，那里有工人运动史学家当年对工人做的采访……我很感激他们的工作、收集了那么多的材料。

但我试图研究的是工人史而不是党史，所以这是不同的方法。对我来说，这是一个非常重要的了解中国和美国学者不同视角的学习经验。当周锡瑞、黄宗智、顾琳（Linda Grove）和我一起在松江做研究的时候，我们也和南京大学的学者有很多意见分歧。我的风格是向不同的人问同一个问题，想看看他们是同意还是不同意。但我发现，如果对方给的答案是南京大学教授想要的，他就会说："哦，那是典型的，这很好，我们可以就此打住。"但我会向下一个人问同样的问题。

我们是完全不同的风格。但我发现那非常有趣，因为实际上那些来自南京大学的学者正在寻找这些"典型"的案例，以符合他们认为的适当社会关系的标准。这让我思考了很多关于社会科学研究的不同方法、我们的假设、我们试图通过这种研究做什么，以及我们如何进行研究，"典型""一般""有代表性"之间的区别，等等。所有这些实际上在社会科学中略有不同的含义，我们有不同的方法来尝试解决它们，我发现这实际上非常有用。

问：您当时的研究遭到上海学者的严厉批评。他们具体反对您哪个观点？

答：我的观点是，上海劳工运动有三个不同的阶层：一个是中间群体，由国民党控制；还有一种是青帮控制的半熟练工人；共产党的真正力量来自受过教育的工人，也就是熟练工人，他们大多来自江南地区，可以与信奉共产主义的劳工运动组织者交流。那些真正最贫困的工人并没有被任何人控制。因为当劳工运动的组织者试图组织他们时，经常面临无法沟通的窘境。因为这些贫困工人通常来自苏北地区，他们说不同的语言；另外，许多贫困工人是女工，而早期的劳工运动的组织者大多是男性，他们无法轻易进入女工宿舍来组织她们。因此，他们之间存在着真正的文化和性别差异。共产党人组织工人运动非常成功，但他们最初是通过劳工中的上层而不是无产阶级获得了他们的立足点。

在上海的一次学术会议上，我第一次提出我的观点时，遭到了上海社会科学院几位资深党史学家的严厉批评，他们认为这些非正统的解释在政治上是不可接受的。尽管我对可能遭受的批评有所准备，但其强烈程度还是超过我的预期。后来，张仲礼站起来说："我们邀请了一位外国学者来使用这些材料，因为我们希望她对这些材料做出自己的阐释,而不是我们对这些材料的解释。我们所要求的是,她是一个诚实的学者,并引用适当的材料。我们可以不同意她的解释。她可以与我们的解释大不相同。否则,让其他地方的人前来使用这些材料就没有意义了。"这一番话之后,他们对我变得更友好了。

我在写这本书时,对涉及的劳工阶层进行了详尽的调查和分析,其中也包括英美烟草公司。快要写完这本书时,我突然意识到,英美烟草公司在浦东的工厂,即是父亲当年被关押的集中营!我没想到,我所研究的对象在某种程度上与我自己家族的历史有非常密切的联系。所以我后来在《上海罢工》英文版序言里的第一句话写道:"对我来说,写作本书有一种回家的感觉。"

问:您在《上海罢工》一书中,也用不少笔墨写了杜月笙、黄金荣这些我们并不陌生的人物,挖掘了他们在工人运动中所扮演的一些真实的角色。这与他们在近代史上被妖魔化或戏剧化的一面形成了很有意思的对比。

答:对我来说,在上海罢工的研究中,最有趣的一个方面就是看早期的共产党人与帮派头目合作的方式。当然,帮派头目做了很多坏事,但他们也做了很多好事。美国也是如此,芝加哥、纽约等地的黑帮与劳工关系非常密切,他们从事了很多犯罪活动,但也为工人提供了大量的福利。

在上海,工人福利会与青帮的关系非常密切。但我对安源和上海的情况特别感兴趣的原因之一,在于这两场工人运动里有共同的历史人物——李立三和刘少奇。他们多年前从安源来到上海,开始使用很多相同的技巧来组织工人运动。对我来说，这非常有意思。因为在我第一本书中，我实际上谈论了共产主义者和本地秘密组织之间的区别，因为在淮北地区，共产主义者组织者并不是淮北人，而是从外面来的人。他们与红枪会等其他秘密社团有着很大的冲突。

但是在《上海罢工》中，我发现了完全不同的模式。虽然也有与共产主义者不同的国民党工会运动，但他们之间也存在合作，比如朱学范，他曾是青帮的成员，但他同情共产党，后来成为中华人民共和国的第一任邮电部部长，他是把国民党和共产党人联系起来的一个非常重要的中间人。

问：您后来用了六年时间，在2012年完成了关于中国革命另一本非常有分量的书《安源：发掘中国革命之传统》。您为什么会对安源感兴趣，调查和写作的过程很辛苦吗？

答：不辛苦，反而很快乐！实际上，我很享受写这本书的过程。因为它既有农村的一面，也有城市的一面；既有工人，也有与矿区有关的农民。我在这里还发现了劳工运动和农民运动之间的联系，这让我非常兴奋。比如，毛泽东在1927年著名的《湖南农民运动考察报告》里写了农民协会，那些农民协会几乎都是由来自安源的工人组成的。他们最初来自湖南，然后又回到了湖南去组织农民协会。

问：从中共革命或中共党史的角度，安源有什么特殊的地位或意义？

答：中共党史上最重要的三位领导人毛泽东、刘少奇和李立三都曾到过安源。他们在那里都非常活跃。

毛泽东在开始时对确立思想非常重要……后来有一幅巨大的毛主席去安源的油画，让全国人民都记住了他与安源的关系。毛泽东有一些亲戚住在矿区附近，他们帮助他介绍安源的人，然后他先派了李立三过来。李立三当时刚刚从法国勤工俭学回来，他是个非常好的人选。因为他的父亲是个秀才，在他很小的时候就教了他很多古典文学，工人们都认为他是一个非常好的教师。

1922年夏天，毛泽东再一次来到安源，他认为李立三的工会是一个非常好的组织，认为举行一次罢工的时机到了。在罢工前几天，毛泽东又派刘少奇去安源。

李立三在巴黎的时候，刘少奇在莫斯科接受了教育。刘少奇回到中国后，对苏联的组织风格有明确的想法。他在安源建了一个新的工人俱乐部，他说是按照莫斯科大剧院的模式建造的——实际上，在我看来，它非常中国化……

这次罢工结束以后，安源赢得了"小莫斯科"的称号。李立三离开安源，到其他地方继续做工运。刘少奇在安源又继续待了三年。他在那里组织了很多工人加入共产党，也为运动带来了纪律性。

问：您在《安源》一书里引用了"文化置入"（cultural positioning）的概念，能否解释一下它的含义？

答：从早期到现在，中国共产党在我现在常说的"文化治理"（cultural governance）方面有一些延续性。"文化置入"，我指的是共产党在获得国家权力之前的革命过程中使用的文化动员手段和使用文化资源的方式，这可能是符号，可能是宗教，可能是戏剧，可能是幽默，等等。它可能是艺术、歌曲、音乐等，各种文化资源，以使被组织者们感到他们与抗议运动或革命运动的关系密切。

"慎言告别革命"

问：这些年，中国知识界不少人对"革命"的看法是负面的，李泽厚先生也曾提出"告别革命"。但您有一个演讲特别提出"慎言告别革命""找回中国革命"。您具体指的是什么？

答：当我谈到"找回中国革命"的时候，我说的是试图重拾革命的理想。我的感觉是，革命的代价是如此巨大……很多人为此失去了生命，而且它非常具有破坏性；那么，我们如何使它变得有价值呢？

当年为什么会发生革命？因为那时候的人们对政治非常不满，他们试图改变、使之变得更好。因此，我们能否回头看看那场革命，想想它能否以某种不同的方式发展，从而保留理想，但减少流血、减少暴力、减少恐怖？这确实是我最初的动机。

当我最初研究中国革命时，我对它有一种浪漫的感觉，我现在不这么认为了——它对我来说不具有浪漫性。但我仍然觉得当年如此多的人愿意加入革命，这是很吸引人的一个现象。因此试图了解是什么在激励他们——当时并不是什么"理想"，而只不过是为了得到一口饭吃，但很多时候，这真的是出于理想，它不仅仅存在于领导层，也存在于普通人之中。

我发现理解美国革命的实质也是如此——当然，美国革命的历史要短得多，也没有那么血腥。但是在美国，我们也有一场真正重要的革命，把我们自己从英国分离出来，为某些理想挺身而出。不过直到今天，对"美国革命"的真正本质是什么，我们实际上还有很大分歧。

比如，当年特朗普上台的部分原因与"茶党运动"（Tea Party Movement）有关，"茶党运动"当然是以波士顿港的美国革命命名的。他们的观点是，革命是为了小政府。在他们看来，这就是革命的全部意义。但包括我在内的另外一部分人则认为美国革命不是关于小政府而是关于自由——言论自由、宗教自由、集会自由，等等。但是，整个要点是不仅要拥有地方控制权。因此，亚历山大·汉密尔顿和托马斯·杰斐逊等人从一开始就辩论：汉密尔顿希望有一个能做各种大事情的政府，而托马斯·杰斐逊则希望有一个非常小的政府……关于"美国革命"的含义，这些都是非常重要的辩论。它对来自不同地方、不同文化背景的美国人有不同的含义。

因此，从我的观点来看，回到历史上的那些时刻——人们为了他们所希望的更美好的世界而做出巨大牺牲——是非常值得的。我们尝试思考一下，是否有一些方法，也许可以有不同的结果？我们不能忽视它，我们不能假装它没有发生。相反，我们应该真正尝试了解这一点，然后真正尝试找出我们应该如何利用这段历史的方法。而这种努力就是为了使它在未来以一种更积极的方式对我们更有意义。

我在对安源的研究中发现，在1925年之前，共产党的一些领导人至少还有一种非常理想主义的信念。那个时候，暴力程度要低得多。无论工人还是农民，观察他们参与革命的方式、弄清楚他们是如何试图改变自己的生活，都是相当有趣的。比如我刚才提到的1922年安源罢工的口号——"从前是牛马，现在要做人"就特别鼓舞人心。对我来说，"尊严"是人类革命的一个非常重要的理想，它并不是关于阶级斗争的，而是关于我们成为完全意义的人。

……早期的探索对我来说仍然是非常有力的。它启发我们去思考那些未曾实现的道路和可能性。

"把亚洲研究带到西方"

问：1999年，您到哈佛大学后不久即出任费正清中国研究中心主任。当初接这个工作对您来说压力很大吗？

答：我刚到哈佛大学不久，麦克法夸尔教授就找到我，希望由我来主持费正清中国研究中心的工作。其实最初我对这个工作不是很感兴趣。坦率地说，我当初到哈佛的一个重要原因就是哈佛燕京图书馆，这里的资料实在太丰富了！我很希望能好好利用这里丰富的资料继续做研究。不过，我一旦开始做这个工作，我就喜欢上它了。

也许大家知道，哈佛大学关于中国学研究有两个比较重要的机构。一个是费正清中国研究中心，另一个是哈佛燕京学社。费正清中国研究中心被认为更注重社会科学和现代方法，而哈佛燕京学社则是传统的"汉学"。所以我上任后做的第一件事，就是打破这个壁垒，邀请从事传统中国研究的老师——不管是研究中国文学、中国古代史，还是中国艺术的，都成为费正清中国研究中心的成员。

虽然我很喜欢费正清中国研究中心主任这个工作，但是我的教学工作并没有减轻，我要在教学工作上投入非常多的精力，而且做研究也很困难。所以任期结束后，我谢绝了留任的请求，以便能有更多的时间在教学和研究上面。

问：您在2008年又成为另一个分量颇重的学术机构——哈佛燕

京学社的社长。这背后有什么故事？

答：说起来，还要提起傅高义教授。我和傅高义教授认识很久，他非常关心我的工作，也经常邀请我去他家聊天。有一天，他问我是否有空去他家喝茶，顺便谈谈哈佛燕京学社的事。我说，当然可以！他那时是哈佛燕京学社董事会的成员，而我是教员委员会的成员。他说哈佛燕京学社需要一个新的主任，他提起其中一个人选，然后问我的看法。我说，不，那个人不合适。他说，为什么呢？我说，哈佛燕京学社对那个人来说太"重"了。他笑了：我真的很高兴听到你这么说。"我觉得他这么说有点奇怪，但我没有想太多。"两天后，董事会的负责人给我打电话说：傅高义和杜维明都希望你能做哈佛燕京学社的社长。我非常惊讶，因为按照传统来说，哈佛燕京学社被认为是研究汉学的机构，而我本人是政治学家。我后来才知道，傅高义找我看似闲聊，实际上也是一种面试。

我和傅高义教授认识很久，说起来还有些渊源。20世纪50年代末他也在日本待过，非常了解我的家庭历史——虽然他并不认识我的父母，但我父亲的去世当年在日本是个大新闻。很长一段时间，他一直与我有联系，后来每当我到哈佛大学做研究或参与会议，他都会邀请我过去谈话。但那一次他找我谈话时，我丝毫没有看出来他是在"面试"我。他和杜维明都给了我很多鼓励和帮助。特别是傅高义，他说：你的父母对亚洲教育感兴趣，这就是他们的一生。他的话对我如何看待哈佛燕京学社这个工作也有另一番意义。

不过那时，我已经同意出任亚洲研究学会主席，那个工作也需要经常外出，所以在完成亚洲研究学会的任期后，我才正式接手哈佛燕京学社社长一职。

我在哈佛燕京学社真正尝试做的事情之一，是更多地促进亚洲学者的学术研究的知名度。哈佛燕京学社在20世纪20年代首次成立时，其愿景是利用哈佛的所有特殊知识与亚洲分享。我认为今天是一个非常不同的情况。对北美的公众和学者来说，了解亚洲各地的学者正在进行的工作是非常重要的。所以我们有一个非常不同的使命，那就是把亚洲带到西方，而不是把西方带到亚洲。我们举办了很多项目，把包括哈佛大学在内的欧美学者送去亚洲，然后再把亚洲学者带到哈佛，做他们自己的研究。比起过去，现在的研究状态更像是一条双行道。

问：您希望自己的任期结束之后，给哈佛燕京学社留下什么样的文化遗产？

答：这可能要由其他人来决定。但我个人认为，我们所做的最重要的事情之一，是发展了中国和印度之间的学术关系。比如，在过去十几年里，我们提供了一些奖学金，挑选印度学生到中国做研究，然后再把他们带到哈佛大学；之后他们再回到印度，在那里发展中国研究。与此类似，我们也从中国请来了研究印度的学者。这是一个非常重要的尝试。中国和印度对彼此的了解是如此之少，令人惊讶。在我看来，世界上人口最多的这两个国家是邻居，共享一些令人难以置信的文化背景，比如佛教就来自古印度，两国之间也有许多有趣的比较。因此，我对我们能够推动中、印两国对彼此的研究感到非常兴奋，这是一个非常重要的领域。

我希望我们会被记住的另一件事是，哈佛燕京学社在亚洲研究之外做了非常有趣的培训项目，比如对中国西藏地区的研究以及对非洲和拉丁美洲的研究,等等。我们邀请了包括中国学者在内的许多学者开始这些领域的研究。我认为这些项目对开发许多新领域非常有帮助。我希望这会成为一个遗产。

许倬云

我要从世界看中国,再从中国看世界

"你看，我使用最熟练的就是两个手指头。"在匹兹堡的公寓里一见面，许先生一边灵活地操纵着轮椅在客厅里"穿梭自如"，一边毫不避讳地调侃自己。物理空间的受限，阻止不了他在一个更辽阔、更深邃的思想领域里驰骋，他对外界发生的一切了如指掌。"我大概从8岁起就开始看报纸，直到今天。除了做手术开刀上麻药，每一天的报纸都看，从来没断过。"

许倬云形容自己是"在磨盘上长大的孩子"，先天的残疾使他自幼便习惯做一个旁观者。上帝给他关了一扇窗，但又为他打开了另外一扇窗。行动上的不便，让他多了观察世间人与事的细致和敏感，也帮助他拥有了一名优秀历史学家应具备的胸怀和眼光。

"这一辈子有没有成就，我不知道，但我知道的是苦多乐少。乐的部分，是自己心里做功课的乐，苦的是看见世界的苦人苦事太多太多……"提起往事，老人家的眼角总是泛起泪光。"我太太总是觉得我凡事喜欢从悲观的方面想，我说我乐观不起来，因为我经历了太多的事情。我自己的苦难固然可以忍住，但是看见别人的痛苦，就跟我自己痛苦一样。"早年的坎坷与磨难让他很早便有"为常民写作"之愿。

许倬云先生早年以研究上古史闻名，晚年则着眼于大历史，年逾九旬仍然保持着旺盛的创造力，不断地推出新作。在新著里，他超越一时、一地、一族的自我中心视角和话语，不断地梳理回望冲突、分流与交融的历史。"我要从世界看中国，再从中国看世界。"他语重心长地说。他不仅满足于"知识的整理",而是冀望于更深一层的关怀,"我的这个关怀,一方面是对中国的关怀,更大部分是对全人类的关怀"。

"你们一定要加油啊!"告别前,老人用力地大声说了这句话。

每个人的抱负,修己以安人

问:最近几年,因为疫情和俄乌战争,加上最近的哈以冲突,国内、国际的形势都发生了变化。您对外部世界也一直保持着高度的关注,您怎么看眼下的形势?

答:最近几年,全世界的形势都不太好。我希望这个局面可以过去。因为今后可能还有艰苦的岁月要面对:不单是人间的战争(甚至可能爆发核战争),还有我们"人"在这个地球上造成的许多灾害,比如说环境的破坏、资源的浪费等,这样下去,恐怕我们最后会让自己退化到石器时代。

对中国来说,能把艰苦的岁月抛在后面,这已经是很大的幸运了。

问:在这个特殊的时刻,特别希望能从您这里得到些建议或忠告。

答:我来美国前,在中国台湾地区也经历过一段特殊的岁月。我能做的就是守住自己的领域,守住自己的专业。历史不是空谈,历史可以是反省,但也可以是坚持过去、拒绝反省。其实,历史研究与任何实际的事物都有关系。而且我所注重的历史学，是长程的"大历史"：从制度史逐渐转变到社会经济史、文化史、中西比较的大历史，这是一段很长的路程。一路走来，用东林党人的话讲是"风声雨声读书声，声声入耳；家事国事天下事，事事关心"，没有一个课题不是天下的问题，没有一篇文章是纯粹为了写报告。我自己的学习和进修工作，从来没放松过，也不敢放松。

我写了四十年社论，为什么能受到读者的欢迎？我自己反省：不知道是不是因为我尽量在文章中不带火气，没有攻击性，心平气和，从事实和学说引出讨论。我过去经常替台湾地区的两大报撰写社论，在那青黄不接、冷暖不定的时候，我珍惜如此机会——我不愿言之过急；但努力做到言之有物。我是跟着《大公报》张季鸾的社论学到的分寸。我觉得年轻人不要浮躁，要学会讲话"有底气"：有理论基础、事实基础，讲话一定要心平气和；也要注重实际解决问题，而非空谈。

问：这些年您的著述没有断过，在公共领域也非常活跃。这些作品背后一以贯之的想法是什么？

答：近些年，我在更多地思考中国文化格局的世界性。我希望读到我书的朋友，不要将它们仅仅视为"教科书"，而是借此机会思考：人类该如何避免互相伤害，走向互利共存？眼下的格局，令人心忧。借用王阳明心学四诀中的一句，"无善无恶心之体，有善有恶意之动"，希望我们不再滞留于"无善无恶"的静止状态，而是必须要有所裁断，有所取舍。因此，我一贯的原则，是与人为善，既非争吵，也不是呵责。

以前我们读历史时总说"胡人无百年之运"，其实这句话不仅是说胡人,汉唐国运也就不过是百年的兴盛而已。我写这些"大历史",是希望提醒大家要有危机感。文化也一样,没有百年之运。世界没有不变的国家,没有不衰的文化。越到近代,随着工业、科技的进展,人类彼此拴到一起,牵绊就越多,独立性也越弱;在这种情况下,国家、民族都得学习如何与人为善,如何与人为邻。

我为什么坚持以中国学问为本?是因为它里面没有神,所以责任在每个人自身——儒家与道家基本上是靠"你自己"。道家不靠太上老君;孔子的观念之中也没有"天"——孔子的"天"是虚设的,"天心"就是"人心","人心"就是"自心"。所以,我对这方面始终坚持,最后的关口是求自己心安,也求不要盲目地自以为是。同时,我还要将别的民族的历史也考虑在内,才能理解人世变化影响的幅度与深度究竟有多少。

每个人的抱负,应当是"修己以安人"。"安人"的过程,从近到远,逐步扩大,最后达到"安百姓"——也就是安顿所有人类。在这大同世界没有实现以前的小康世界,至少要做到人人有工作,使得人尽其才、物尽其用、货畅其流。如此的世界,确实并不容易实现。

问:您年幼的时候跟着父母辗转各地,躲避战乱,经历了一段漂泊的过程,这段经历对您认识中国社会的基本面貌以及底层人民的真实生活有什么样的帮助?这段经历会在您日后的学术研究中形成与其他学者不一样的"学术营养"吗?

答:像那个时代的其他人一样,我也经历了战乱时期的颠沛流离。不过因为我们在内陆有基地,不是那么漂泊不定,也不像无家可归者。所以,与别人比起来,我总是觉得自己还是幸运的。抗战几年,路上冻饿倒毙的人,或者敌人打过来时来不及跑掉而伤亡的人……太多了,这些都没有发生在我身上。

我父亲的工作单位是第五战区,位于川鄂交界的抗战前线,我们就随着战线推移,在荆襄一带逃避战祸。等到终于转入重庆,已是抗战末期。这个机缘,使我可以有相对独特的经历,是幸,也是不幸。我有机会看见真正的贫穷与战乱所造成的许多问题;我也看见传统的农家生活,尤其是老河口那一带我非常熟悉;有机会看见大城市以外的小城镇、小村镇,地方的人士如何处理他们的生活——以我们江南读书人的背景来说,这些场景本来是不容易看见的,但我不仅看见了,而且它们深深地切入我的视觉、切入我的感情。可是我也看见老百姓的生活有多苦:他们过去的秩序被战争颠覆之后,怎样努力重建、怎样家庭破碎,甚至牺牲了性命……

问:是这段经历让您后来有了"为常民写作"这样一个终身的志愿?

答:过去那些经历和回忆,时常像一个个镜头在我的脑海里闪回。我目睹过的同胞们的悲痛、哀伤和无奈,在我心里永远扎根。看见这些以后,我就懂得什么是墨子所讲的"摩顶放踵利天下"。墨子是战国时代所有学者中最同情社会底层的人。一般的读书人没有机会看见我所经历的一道道生死关口,也感受不到墨子身经的危难困苦。

我觉得自己始终是个矛盾之人。我感谢上苍,不是感谢它让我存活了,而是感谢它让我真正看见了每一个中国人都可能遭遇的情形。这并非书本上的"爱",也不是所谓"怜"——换一个关口,我就不如他们;换一个关口,我就可能被扔在路边死掉了;换一个关口,大家努力逃的时候,就可能家人离散,一个孤独的残疾人被失落道旁……战争年代,我见过太多的生离死别,在陆上、在船上。有时候,我特别容易动感情,是因为我看见了苦难的中华、苦难的中国人,这是真实的,而不是书上的文字。

问:您曾经说过,您很"庆幸"自己天生残疾,如果是后天一棍子被打倒,可能就起不来了。那您自幼有没有因为这先天的残疾抱怨过?

答:我当然有抱怨,不过并非抱怨母亲,而是抱怨命运。先父、先母常常对我讲:"老七,你是倒霉啊,生成这样子。但是你想想看,如果你生在一个穷苦人家,你早就没命了!生在我们这种大家庭,人口多,总有人抽空来照顾你,你还是幸运的。"他们还常常说:"老七,我们对你比对别的孩子多一番心思,你知道吗?"我说:"我懂得你们辛苦,你们总是把我放在最安全的地方,保护我不会受伤。"

后来人生一辈子,我总能碰到人施以援手。比如在台湾大学(以下简称台大)读书时,从门口到大厅,沿着边走进课堂,这两级没有任何扶梯;但总是会有两个人从旁协助:一个在后,一个在前,让我横着身体爬上去。所以,世界上总有好人。我和弟弟是双胞胎。弟弟吃苦耐劳、聪明能干;如果我的身体和他一样的话,我一定不读文,而是读医。

早期求学

问:您在求学期间,是如何对上古史产生兴趣的?

答：中国传统的读书人，通常是从春秋时代，从《论语》《孟子》起步开始读书的，之后再看《左传》《国语》《史记》。我在家庭中接受的知识教育虽然不成系统，也大抵如此。自然而然，无意中已经打下上古史的基础。

1949年我考入台大，最初读的是外文系。一位同学的母亲替我报了科别：她觉得我身体残疾，读好了英文，至少可以凭翻译谋生。但是我的兴趣在历史，于是读到二年级时便转入历史系，从此一头"栽进"古代史的园地。

最初吸引我的，就是上古史和秦汉史。我读了傅斯年先生的《夷夏东西说》等一系列文章，受其影响甚大。当时历史系的很多课都是与考古系一起上的。我在历史系选的课都是古代史，劳贞一（即劳榦）先生教秦汉，李玄伯（宗侗）先生教先秦，考古人类学由李济之先生和凌纯声先生启蒙。这四位老师对我都不错，我对上古史的兴趣就这么定下来了。

问：在这期间您有机会接触像李济之、傅斯年、董作宾、李宗侗、劳榦、严耕望、全汉昇这些著名的学者。这段学习生涯给了您什么样的训练、对您未来的学术生涯有什么样的影响？

答：因为很多课是"中央研究院历史语言研究所"（以下简称史语所）的老师们讲授的，所以客观上这就使史语所的历史组与台大历史系重叠。这段经历，令我学习历史的导向和其他一般大学历史系的方向颇为不同，我的学思历程，也就脱离了传统中国历史教学中注重朝代兴亡的范畴，而是以中国为主，以史事为主，以人群为主。因此，我的思考是文化的、社会的、常民的；我所关注的演变是"渐进的"——没有单纯的进步或退步,而是随着时势不断推移、变化:人的变化是所有因素中最小的,制度的变化更重要一点,文化的变化再重要一点,地理的条件最为长久。这种方式是法国史学传统中"大历史"的模式,乃是拜史语所传统之惠。

问:您在史语所接受了什么样的学术训练?

答:一是对小证据不放松,二是尽量抓住可靠的证据——没有证据还可以做数目字的统计学分析,对数目字加以排序、推演,这就落实了苏秉琦先生所说的"区、系、类型"。

所以,为什么仰韶在西北面、龙山在东边?这两个是所谓"夷夏东西"。为什么到后来最典型的结论,是在"庙底沟文化二期"?庙底沟的位置就在今天陶寺与二里头下面一点,恰好差不多是从关中到渤海湾的中间站。庙底沟之所以能够作为代表,就是两边的影响在两头的中点交汇——往西就像仰韶,更往东就更像龙山,这是代表性的文化交汇场所。这种对于时间、空间之下文化演变的感觉与判断力,不是读书读得出来的,而是李济之先生考古学研究——将个别器物排队,观察其在空间和时间上演变的次序——训练出来的东西。

问:史语所当年名家云集,您在这条线上也接续了深厚的学术传统。

答:史语所的风格是求"真",这是最大的事情;是求"通",作为儒家,要懂得人世间的事情,通人事、通天人之际——天人之际的大方向,规则就是时空两个向度的"运行"。这是汉代董仲舒总结、确立下来的大框架。

问：您在对早期学术生涯的回忆里，不止一次提到李济之先生。他是对您影响非常大的一位学者？

答：当年台大历史系规定，《考古人类学导论》是必修课，我在大二时选了这门课。第一学期是考古学，由李济先生主讲；第二学期是人类学，由凌纯声先生主讲。第一堂课，李济先生就提出一个问题："在一片草坪上，如何寻找一枚小球？"同学们谁也不敢出声。他老人家慢条斯理地自己回答："在草坪上，画上一条一条的平行直线，沿线一条一条地走过，低头仔细看，走完整个草坪，一定会找到这枚小球。"他的这段话，为我们这些学生指示了学术研究与处世治事的基本原则：最笨、最累的办法，却最有把握找到症结所在。我自己读书、做事深受老师的影响，一步一个脚印，宁可多费些气力和时间，不敢天马行空。台北故宫博物院有一位艺术史专家李霖灿先生，他用了李济先生找小球的方法，真的在《溪山行旅图》的繁枝密叶丛里找到范宽的签名，在中国艺术史上添了一段佳话。

李济老是一位真正的好学者，中国最早的两位考古学者是李先生和梁思永先生。今天考古发掘的规矩，比如严格的测量尺寸、三厘米一个地层、每个地层要记发掘笔记、挖的时候要记小的草稿，都是他们当年定下来的。当年他们发掘殷墟时，晚上没有电灯，就在油灯下记录当天发掘的行事"日记"。我亲眼看到他们主持的几个遗址发掘和出土的文物，比如小刀子、鼎的残片、瓦片等，都是遵照"物以类聚、方以群分"的方式排列好前后次序。这是非常繁重、细致的工作，但都是必不可少的基本功。看了他们的工作，我就明白：做学问，下一句结论有多难，又有多少细腻的背后功夫。

问：您在台大时与张光直先生是同学，后来他写了一部《商文明》，您写了一部《西周史》。《西周史》的写作是不是跟张光直先生的研究也有关系？您怎样形容您跟他之间的关系？

答：我和光直是同门师兄弟，家门一样，方法学非常接近。唯一的区别在于：他从考古学直接入手，我则以历史学研究与考古学相配，但我们二人的路子完全一样，思考的方法、运用的证据都一样。

我和光直当初同时选了济老的课。我印象颇深的是：考试时济老出题，要我们对灵长类四大猿猴的相关问题进行讨论。光直写的是它们的体质，我写的是它们的行为——光直连哪一种猿猴身上一平方英寸多少根毛都记得，我则是分析它们群居、择偶、觅食的习性——所以，我们治学的途径从那时候就各以兴趣分途进行。李济老曾说："我希望你们两个一直做我的学生。"先生平时非常严肃，但是对我和光直都尽心栽培。我与光直的关系不是竞争，而是彼此扶助。只是因为光直的专业是考古，属于济老直接的专业。

眼光宏阔的芝大

问：1957年您去芝加哥大学（以下简称芝大）读书，那个时候的学术背景和学术氛围是什么样的？

答：我到芝大后，在"东方学研究所"读书。很多教授是二战时从欧洲流亡来美的学者。当时的东方学研究所可以说是名师云集，群星闪耀，全世界重量级的近东考古学者当中有不少人加入。

东方学研究所的研究范围包括埃及和两河流域的考古，也有小部分希腊考古和小部分中国古代研究——主要还是以埃及与两河流域的研究为主。这两个大的地区的古代史研究，在美国大概只有三个地方有，芝大是重要的据点之一。在那里，我学到了两河流域的文化怎么来的、埃及的文化怎么来的，以及它们之间的差距在哪里……这两个文明互相影响，可是它们的出发点不一样，后来发展的方向也不一样。一路走来到今天反观：虽然都是伊斯兰教国家，但埃及和伊朗之间没有太多相同之处。

这段学习经历启发我懂得了游牧民族与农耕民族之间的关系：游牧民族习于移动，很难学会定居的农耕。中东是"四岔路口"，东西南北都会在此经过，游牧民族中有相当大的一部分也居然留在这一带，他们保持了游牧的习惯，并不擅长发展农业。

因此，我后来在书中处理与中国有关的问题时，也看在中国的四面八方存在什么特别的关系。比如，我在《经纬华夏》一书中处理了许多内外观念的问题，在《万古江河》一书里讨论了北族进入中国的过程，在别的论文里谈到了许多西边进来的问题……这都是在以同样的例子来做比较，得到这个印象——我看见每一种文化，都有出自其娘胎的"胎记"。

芝大的学风讲究眼光宏阔。我的几位导师，没有一个不是处理大题目的，这种类型的学者在中国的大学并不多见。如今回顾，我在美国接受的学术训练相当散乱，没有什么系统；但散乱也有其好处，因为在散乱之中临时发现缺口就可以立即再寻求补足。

研究两河流域和埃及，也引发了我对中国黄河和江汉流域互动的思考：它们距离更近，彼此更密切，所以基本上文化特色的差距不是那么大；融合在一起之后，走向开放，最终整合为"天下国家"的格局。但是开展到一个极点之后，内部还是不免有自我封闭的问题。所以，从这个角度看，中国文化兼具两河流域和埃及的特色。这些是我从比较研究中得到的体会。这方面的知识对我影响很大，因为治中国史的史学家很少有机缘碰到这么大的区域研究课题。

问：您在东方研究所跟随的老师是顾立雅。顾立雅是非常有名的汉学家，他具体给您教授什么样的课程？在方法论上，他对您有什么样的启发和影响？

答：顾立雅最初在哈佛读书，后来做记者，然后回到哈佛读俄国史，又因为对中国史感兴趣转到中国史的学习。

顾立雅的中文是跟汉学前辈劳费尔（Berthold Laufer）学的。劳费尔的中文是自学的，讲话接近文言。他在芝加哥自然历史博物馆工作，学问广博。除了语言学，他还研究中东植物如何传播到亚洲，也研究古玉在各地不同的加工方式。

顾立雅当时已经大学毕业了，天天站在劳费尔门口等待，希望跟随他学习中国史。"程门立雪"一般地等到第五天，劳费尔把门打开，丢一本书给他。顾立雅捡起来，一看是《墨子》——那时候他完全没学过中文，劳费尔就让他读《墨子》，他一个汉字都不认识，怎么读呢？后来劳费尔开门，教他一句，要他念懂，立即又把门关上了。大概是劳费尔见他心诚，终于认真教诲，顾立雅从读《孝经》开始，逐步研读中国主要的古典文献。

顾立雅也研究甲骨文，他是第一位以英文报告将安阳的发掘成果介绍给世界的学者，比史语所发表的论文还早。他的第一部著作《中国的诞生》(Birth of China)指出中国文化启蒙的阶段是当时正在发掘的殷墟：一个具有枢纽作用的点。他非常聪明，眼光锐利，站在工地上看了五个月，就得出如此结论。全世界知道中国有一个这么重要的遗址，是他的功劳。他的预料与后来的事实果然相当接近。

问：您在芝大期间经历了五次大手术，对您来说，这是否也是身心经受极大考验的过程？

答：我到芝大后，校方帮我安排了五次足部大手术。没有开刀以前我可以走路，但手术之后，我至少三个月不能走路。这三个月时间，我人躺在床上，脚吊在半空，过程很痛苦。当年给我治疗的医生非常好，非常诚恳。第一次他给我做检查的时候说："我从来没做过这种手术，但是你要相信我的诚心、我的训练。"实际上，他没有告诉我实话，我这个手术风险相当大。手术室门一关，他和学生、麻醉师等一屋子人说："让我们一起祷告！"他说："这次尝试开刀，是我平生最冒险的一次。我可能毁了他，也可能帮了他。如果帮助不了，我可能从他这里得到经验去帮助其他人。"

术后恢复期间，我从脚尖到膝盖套着一个大大的石膏套，几十斤重，但也只能僵着，不能动。有一次伤口发炎，必须锯开石膏套上药，那种痛啊！每锯开一次，就受剧痛袭击一次……如此的经历，一般人没有体会。

我在五年内一共做了五次手术，每次都要经历痛苦、失望和沮丧。有一次手术术后在圣诞节，我从病房的窗户看见对面房子上的常春藤：红了、枯了，雪盖上去了；慢慢地雪融了，枯藤长出叶子来了，满墙都是常春藤——季节过去，我还是不能出院。

所幸，主持手术的医生是美国外科学会的会长，以外科手术著称。他愿意做这个手术，也是希望从我这一个案上尝试可能做到的限度。为了作比较，他们还从德国找到一个男孩，和我的病情几乎一样，可他只有7岁，我是27岁。这一比较的目的是希望明确：在骨骼完全定型后做的矫正可以持久，还是骨骼尚未定型的幼年就可以进行如此大的手术。德国小朋友的手术确实没有成功，原因是在他的成长过程中，由于肌肉不发达，骨骼被拉弯了——既然肌肉不能再造，孩子一路成长，就不断地将骨骼成长的角度拉弯。

所幸，我的手术很成功。原来我只能用脚背走路，后来终于翻转到用脚掌走路。不过重新练习走路的过程，也是痛苦不堪，要将双手架在双杠上扶着走——我没有办法用手去握双杠的长杆，因为力气不够，撑不住；后来，他们就将一条带子拴在我腰上，确保身体倒不下去，然后在胳膊底下再拴一条带子，动一步，痛一身。

复健过程中，我学会了游泳。游泳是极好的复健方法，可以训练肌肉。我是从来没下过水的人，但为了康复，也下决心去学。但其实我也没把握能游，医生就让两个救生员在我旁边，看到我能浮起来，他才放心。后来，我学会了仰泳。这一类训练，不是在课堂里能得到的。

问：这也是生命的训练。

答：这是我的"志业"，我追寻的志向与事业。人类是"智人"，是有辨别和判断能力的"灵长类"。李济之先生把拉丁文"home sapiens"翻译成"有辨的荷谟"，根据《荀子·非相》所言："人之所以为人者，非特以二足而无毛也，以其有辨也。"你看，多通啊！这与后来生物进化论定义的"人是能辨别是非、辨别对错的灵长类"在观念上是一致的。

"辨"这个习惯、能力，需要学习和培养，当作终身的信守。孔子讲过"毋意，毋必，毋固，毋我"，这就是知识分子的志业：寻求知识以外的社会工作时，要将"四毋"作为支撑自己的力量。不凭空臆测，不绝对武断，不固执迂腐，不自以为是"唯我独尊"。任何宗教到了最高境界，都是超脱自己，不是依靠"神"，也不是信赖"圣"。

知识分子的这一"志业"不是求富求贵，也不仅仅是立志救世，而是守定你作为灵长类里能自觉的"人"。以上，是我在芝大体会出的一些理解，再加上阅读儒家经书获得的体验。如此的教育深入骨髓，无法重演，也无法以口舌、言辞转述于他人。此后，我写任何东西，都是随时准备发现新的证据、新的观念，随时改动。例如，最近出版的《经纬华夏》一书，写完后我通篇改了八次，用时一年多。

问：您说那段时间，第一次读到加缪的《西西弗斯神话》，"这次偶然拾来的读物，竟解决了我心理上的矛盾"。那个阶段您内心的矛盾是什么？西西弗斯的故事给您带来哪些启示？

答：当时，我心里的矛盾是：手头有做不完的事，但身体一次次受到挫折；我也担心失败，人生每道关口都难。本以为做一次手术就可以了，结果一共做了五次，每次手术，身体都经历了巨大的痛苦，而且每次都面临着可能失败的恐惧。《西西弗斯神话》让我知道人生要锲而不舍。我知道凡事不能松一口劲，一旦松了劲，曾经付出的一切努力都将白费。这个感悟不单是读这本书时得出的，从小我就要学着怎么样让自己站起来，学着怎样扶着板凳让自己拖着走——这也是我生命的感悟。

中国古代三部曲

问：回到您作为一名历史学家的身份，《中国古代社会史论》《汉代农业》《西周史》是奠定您学术地位的三本专著。先谈谈您这第一本学术专著的写作背景吧。

答：1961年年底，我以社会学量化方法完成了论文《春秋战国时期的社会变动》，获得了芝大的博士学位，后来出版时更名为《中国古代社会史论》(Ancient China in Transition)。最近三联书店要出一套我的六卷本学术作品集，编辑冯先生居然从芝加哥档案馆调出当年的原稿，据此请人重新翻译，并定名为《中国古代转型期》——实际上，这次新编的"学术作品集"所围绕的核心主题就是周、秦、汉："天下国家"秩序的形成和转型。

回顾起来，假若没有芮逸夫先生让我读《左传》所分析、记录下来的那几千张人物卡片，我的博士论文无从下笔——我进研究所的第一年夏天，芮逸夫先生交代我做《左传》的"人名谱系"，将两千余人的生平逐一做注：父亲是谁、儿子是谁、彼此间有什么关系，等等。这一工作做得很辛苦，却为我开辟了研究中国经典经文以外的另一条路：中国古代史学者里面，没有第二个人做过这种比较研究——根据数目字来排队，十年一代、三十年一世。

实际上，我做了一项系统分析，即使摆在今天系统论的教科书里，也还是很合辙的。当年，也没有人做过社会阶层变动的量化分析。

《汉代农业》一书，乃是对传统中国农业形态构成的社会学分析：从精耕细作、农舍工业、市场机制、市集网络联通道路交通到成为全国性的网状结构。这一构想，是拜杨庆堃先生之赐，我从他对河北传统市场网的分析中，获得了以社会学的网络观念建构这一套汉帝国大型社会网络的想法。这一格局不仅解释了汉代这个天下国家基本面的问题，也解释了传统中国农业社会很重要的事情：农业的市场化。中国的农业市场化是"精耕细作"的重要演化——只有"精耕细作"，才可以发展出多种多样的农村农业和农舍工业，这就让我找到了中国农业本身的特点。

问：这本专著不仅当年就纳入哈佛大学亚洲研究丛书的经典系列，而且得到费正清很高的评价。这是什么契机？背后有什么样的故事？

答：不是我主动去找他们的，是芮沃寿（Arthur Wright）的太太芮玛丽（Mary）找我的。芮沃寿和芮玛丽是费正清最得意的两大弟子，芮玛丽到斯坦福大学之后要编一套丛书，就将我这本书作为这套书中的第一部。她说："许倬云处理问题的方式与其他人不同，他是真正以社会科学的方法处理历史问题的。"

这本书出版以后，很快就让我在国际学界获得肯定。后来，费正清写信给李济之先生说："顾立雅手上有个学生，是你们史语所来的人，我在你们那里认识的他，他写的这本书已经是小经典了（minor classic）。"

问：您曾说，《汉代农业》这本书"实际上是探讨中国型经济的起源"。汉代农业制度与中国经济后世的发展道路有什么样的关联？

答：每个村落是一个聚落，聚落四周都是农田，聚落和聚落之间有一定的距离。这些聚落呈点状分布，其中某个交通较为方便的大村落就作为交换的"中心点"："十天一会"，或者"十二天一会"——这就是"赶场"，由此逐渐发展出一套农村交换的经济网络。以此为基础，一串"赶场"的"中心点"可以形成新的"二层中心"，那就是一个市镇。如此逐级提升，终于将一般的村落逐步提升到市场中心、小镇、大镇而至城市。

这些"中心点"的市集，围绕县城又形成一个更大的"中心点"；若干县城合在一起，形成一条"路"（"道"和"路"，到唐宋时期，就形成大地区的行政单位），这就是汉代的"郡"——"郡"是"群"的意思。上述村、镇、县、郡，由大大小小的复杂交通网络联系，结合自然地理界划，形成一个一个"州"（相当于今日的"省"），最后构成"天下国家"层层嵌套的政权结构。这一整套界定中国日后区域的道路交通网络、经济网络及行政体系，都是在汉代成型的。

问：您的第三本书《西周史》，是张光直先生主持的一套中国通史的项目。这本书的出版缘由是什么？

答：当年，张光直要为耶鲁大学出版一套"中国古代文明丛书"。他邀请李学勤、王仲殊和我，加上他自己，四个人分别撰写中国古代的四个时期。我与光直出自同门，情同手足，向来是他写商代，我写周朝。

我这部书运用了大量青铜器铭文和其他考古材料，以及传世文献,例如《诗经》《左传》《尚书》,再加上考古报告,是三方面结合起来的论著。我不注重政治史或朝代史,主要讨论"文化史",因此,我关注的是西周文化溯源以及"天命"观念的滥觞。我以文化扩张为主要的关怀,包括中原文化如何扩散、国家在扩散过程中如何逐渐形成复杂的大型单位。

我对傅斯年先生和钱宾四(钱穆)先生有一份特殊的感情,我写《西周史》等于是结合了傅、钱二位先生两个原本对抗的系统,凭借考古学将二老的卓识拼合在一起。当年写《西周史》最后一章,我是流着泪写的。我写到"板荡"时,十分伤感,因他们经历的离乱岁月,几乎是我自己所见、所经当年动乱中的中国之翻版。

但也正如我在书的第二版序言里所写的:这么多年来,中国考古学又有许多新发现。《西周史》本应重新改写,但我实在没有力气另起炉灶,只盼望后来的学者能够继续精进。

问:您在写《西周史》时,只谈到政治结构和文化圈的问题。您有一个愿望,说将来如果有可能,"我希望有人能够在古代民族历史上有所探讨"。现在如果有机会,比如重新修订《西周史》,您会做哪些方面的修订?当然您的体力可能不允许,但是有没有这方面的愿望或者想法?

答:虽然今天的史料尤其是新的考古发现层出不穷,但是并不容易确定真正决定性改变的时空定点,并以此作为转变的枢纽。因为有些考古资料或者单薄,或者特点不明显,难以确定其归属。比如种族的界定和族群的界定,虽然人们过去考古时发掘出许多骨骸,但没有做过DNA测定。所幸最近发掘的遗址,对人群的遗传因子都有相当清楚的测定。于是，对族群的来龙去脉、分分合合的线索，都有了可以琢磨的依据。

问：您如何评价自己的这三本书？是否有缺憾？有没有未完成的想法？

答：我这三本书串连为一体，整体而论，是从西周到汉帝国，也就是"古代中国的三部曲"。西周开创了一个从封建走向国家（制度）的局面，东周则依据国家体制，儒家、法家都在寻找合理的统治和管理制度，走向以国家为单位的发展途径。汉帝国"马上得天下"，为何居然能够稳定地治理天下？

大面积的、普遍的农耕，农田、城镇星罗棋布，这是中国的基本面貌。在这个大棋盘上，胡马南牧，很难四处奔驰。这一特点，在欧洲历史上是没有的。因此我认为，欧洲历史的特点是民族与民族之间永远不断地斗争。他们面对外来的民族，没有如同中国一样的城镇市场网络来挡住胡马的铁蹄；而陆续进来的所谓外族或者"蛮族"，谁也不比另外一家更有力量、更有依据，可以压服原来单位的抵抗。于是，欧洲历史上除了借助宗教力量聚合大国家，没有任何内在因素可以将分散的民族国家结合为一个聚合的"天下国家"体制。

所以，这三本书连在一起，是对中国古代从西周到汉末的整体交代：西周建立起一个封建体系，后来建立起一个雏形的政府，又建立起道德与伦理的、文化的基本面，这是一个重要的事情，欧洲没有发生过——罗马没有，希腊也没有。

在《汉代农业》里，我提到"区域"的概念，但没有继续处理村落这一级。实际上，今天考古发掘的相关资料，包括汉代的竹简，特别是湖北出土的许多资料,都有历史价值:我在这方面的处理,只是刚刚开了个头而已。尤其最近几十年,新的考古发现可以支撑后面的学者就基层部分的结构和运作写一部很好的书:村、镇、县、郡、州层层机构,权力的基础在哪里、与帝国的运作如何配套……都是可以继续深入做下去的课题。

只有在汉代研究较为充分之时,史家才能解释:"永嘉之乱"以后,为何北方坞堡有如此强大的力量?为何唐代上层是相当"胡化"的汉人?不单是李家,隋朝的杨家也是如此。在唐代的天下,中央贵族、地方士族如何相互挂钩?

问:周灭商以后,提出"天命观"。从中国文化发展的角度来讲,天命观的提出对后世中国文化深远的意义在哪里?它的超越性价值在哪里?

答:周人提出的"天命"中的"天",是垂穹四野的苍天,是宇宙全体,也是宇宙的主人。这种气概的大神,不再是图腾转换而来的一般神明,也不再是山川、河海代表的大神。这一观念超越常人,其神圣的普遍意义不是信仰任何神明的宗教可以相比的。

在商人之后,孔子将"天命观"发扬光大,王者的权力被道德的意味框定,这个很重要:以王者统治世界的使命,框定王者自身;以儒家伦理道德,界定人生的责任——孔子以神圣的天意,加在每个人头上。孔子希望每个人都能谨守自己应尽的责任:端正自己在伦理系统中"当为"或"不当为"的部分。这是一桩了不起的志业,值得终身实践。

所谓"轴心时代"的"轴心",是轮轴转动的"枢机"。中国文化的"枢纽"实在好，因为它"不语怪力乱神"，而是一个道德的范畴，借"天"的名义，而不是假借一个神的名义。

问：很多历史学家认为在商周时期，青铜器与战车的影响有绝对的深远意义。对于它们的"西来说"，您怎么看？

答：我们分成两部分来讨论，战车是一回事，青铜器是另外一回事。

战车源自西方——但此"西方"并非欧洲，而是指生活在高加索山下的雅利安人。他们将黑海边的野马驯服为负担或者牵拉重物的工具，然后才演化为骑乘的载具。这一批雅利安人分布在从今天的里海到阿富汗一带，处于欧亚大陆的交接处。

高加索马种五六千年前就被驯服了，后来以马为载具的方式经由草原传入古代中国，这就是传说中的黄帝"轩辕氏"。这一过程也是一路演化来的，时间上我想并不比到达欧洲的时候晚，甚至可能比呼伦贝尔那些大牧场的游牧民族还早。无论在东方，还是西方，马作为战斗的乘具，最初都是用来拉动战车的，然后才转变为骑乘战马。

至于青铜器，最初是中亚、西亚草原上的牧民发展了青铜冶炼技术。随后，青铜技术经过中亚向东传播：最初传入今日的新疆、内蒙古地区，再经关陇山谷地带，向南传入黄河中下游流域以及四川北部的岷江流域；西边是从今天的河西走廊、河套地区以及鄂尔多斯传入；东边则是从张家口传入，中间经由雁门关所在的隘口进入中原。最终，商代发展出一个辉煌的青铜器时代。

问：有时候我们看待历史总喜欢强调"谁先谁后"，这个观念对我们客观认识历史、认识世界有什么影响吗？

答：这是我们中国人自己造成的心理负担，因为中国人总觉得自己该是最早发明、发现事物的民族。至于青铜器，在哪里发明是一回事，如何传播到何处则是另外一回事。青铜在中东的出现，确实比中国早一千余年。但是，在关陇以东，中国的青铜文化，最初基本上是护甲、兵器、覆面或牧人的工具。至于中国内部的青铜器，乃是距今差不多四千年时，发展出高温火道，人们在坩埚中将铜料融化，然后将溶液倾入铸模，烧铸为大型的礼器。这一过程在中国终于成为青铜文化最重要的特征，与西方、中东一带原有小型铜件的传统相比，采取了不同的途径。

问：从出土的文物来看，商代的酒器特别多，西周也还有，但是到东周就基本消失了。很多学者根据文献说，周人有戒酒的观念；也有人说用青铜器盛酒会产生有害物质，人们发现这个问题以后就不喝酒了。您怎么看待西周时期的酒器消失和饮酒观念的变化？

答：商人以武力征讨，压服各地原有居民，掠夺农业产物，并掳掠奴隶来从事各项劳动。他们自己则坐享掳掠的资源，大口吃肉，放怀痛饮。商代可以说是个类似游牧军族，以武力压服中原的时代。从考古遗址的出土文物所见，商人酒具的种类与数量繁多，可见其酗酒风气。

商人用人来做"牺牲"是真的。在安阳的殷商大墓里，出现过几百甚至上千个人头——不属于工人、奴隶，而属于军人、军官——坟墓里也有陪葬的嫔妃和大臣。以如此众多的活人作为牺牲，这个朝代很难说是个"文明"的时代。

周武王代商，以"仁者吊民伐罪"为号召。周人以《尚书》的《康诰》和《酒诰》等篇目教训贵族子弟，警诫他们不得酗酒，不得懒惰，不得如原来生活中的那种态度浑浑噩噩地度日。周人列国的贵族子弟必须勤于公务和政事。相较于商代，从周人遗址中出土的酒器确实为数甚少。商周交替，在文明史上确实前进了一大步。

问："夏"的存在是一个争议比较大的话题。您去过陶寺，也实地探访过二里头，您对二里头所属的历史时期有什么看法？

答：二里头遗址的时间，从夏到商。但"夏"不是一个后代所谓的"朝代"——不能以后世"朝代"的观念来解释这一阶段的政治组织、形态。但是，这一族群确实是"夏人"。他们早期的分布也在关陇之间，也就是今日的陕西高原。在周人的观念里，这块土地有夏人、羌人，还有周人。假如我们要以一个共同的名称称呼这一群人，倒也不妨借用历史上所谓"西戎"者，作为这些族群的共称。

当年史语所在进行考古发掘时，就发现城子崖遗址与安阳的殷墟是两种不同的文化，并不是同一文明的先后两个阶段。要到四千年前左右，中原的青铜时代开始，才将以前的东、西两大传统交汇的新石器文化系列，都容纳在一个中原色彩的青铜文化之中。

我们可以这样理解：中原曾经有某一个地区，因为地势较高，那里生活的人群没有遭受洪水带来的灾难——这个地区可能就是今日的山西盆地边缘的运城平原，这里有中条山作为屏障，这使得运城平原的地势高于南岸的黄土平原。大洪水之后，这一幸免于难的族群竟成为救灾赈难的主要力量，也就居于主导地位，这就是"夏"的开始。

但是优势地位会更替——东方族群中的后羿，原本是黄河平原的重要力量；在夏人领导两三代之后，这一批原本东方主人东夷的后裔一度夺回了中原的领导权；到少康时代，夏人又夺回了大洪水以后的领导权。至于后羿与嫦娥的故事，那是另一系统的传说。

问：2023年6月10日，文化和自然遗产日，三星堆公布了两件青铜器物跨坑拼对成功的消息。"这两件青铜器体量巨大，造型独特复杂，展示了三星堆先民高超的青铜铸造技术与丰富的想象力和创造力。"三星堆人物造型异于中原文化，您认为这一族群是什么特质的文化，他们是从哪里来的？最后到哪里去了？

答：三星堆出土的青铜器种类，与中国其他地区相比有很大差别，以人物类的青铜面具、青铜头像和青铜人像所占数量最多，形式也多种多样。

我认为，三星堆青铜人像的来源，就是中国西北部的各种戎人。我们用后面的名称，称它们是"戎人文化"，因为他们铸造青铜的方式，例如零铸、拼凑、焊接，与三星堆青铜器的铸造法属于同一系统。关于三星堆族群的来历，我们可以回溯四川长期传留的地方历史《华阳国志》：望帝政权，原来是生活在甘青高原的民族。他们在川北放牧，后来逐渐南下，进入成都广元一带的盆地。望帝失去政权后，败亡的君臣还是爬山北上，显然就回到了他们的故里。《华阳国志》认为他们可能是"仙去"，其实就是不知行踪，只剩下这山谷中春天不断鸣叫的布谷鸟，"不如归去"，声声呼唤。

三星堆之外，成都平原上另有一处金沙遗址。金沙遗址出土的东西与三星堆基本是同类，只是少了一些最复杂的物件，例如神阁；此外，眼珠突出的天神面具，在金沙遗址也相对少见。这两处遗址，几乎是前后相连的两个时代，只是金沙遗址会多一些比较贵重的金器。

三星堆和金沙遗址出土的文物，与这一族群的生活、祭祀是配套的。三星堆遗址的发掘显示：这些物件被集中在一起焚烧——这些祭神、祭祖宗的东西，接收它的人不希望失败者与护佑他们的神继续存在联系，于是毁弃神物，切断人神之间的联系——这是所谓"厌胜之术"。"厌胜"，即是断绝了敌人与超自然力量之间的管道。我认为，金沙乃是望帝的继承者鳖灵另创新局面时，放弃了三星堆而在成都建城立国。插一句闲话：我在成都访问过多次，乡里之中传达的"龙门阵"，成都城墙圈成的市区，就是一个"鳖形"。如此方法，不但中国的道教里面有，印度也有。

问：关于华夏的起源，一直存在"中原中心论"和"多元论"的争论，但是好像您很早就坚持"多元起源论"的立场，这有什么样的原因和渊源吗？

答：在写作《万古江河》一书时，我受苏秉琦先生的启发很大。从1981年左右开始，苏先生花了六年时间，不断发展"区、系、类型"理论及古国演化的理论，我接受他老人家的论点。

举例言之，史语所的故所长傅孟真先生，在中国考古学刚刚起步不久时就提出"夷夏东西"之说，以处理仰韶与龙山之间巨大的差异——他的意见是提出一个长程沿线的两端。而在苏先生的"区、系、类型"的观点以后，大家逐渐找出一个新石器时代长期演化后的"中间型"：庙底沟二期。这一观念是时间上的"中间型"，放在空间的沿线上，庙底沟遗址的位置也恰巧是从关陇到海岱之间的中间点。这就是从傅、苏二位前辈的高见——中原黄土平原上——出发，是一个不断演变的过程。

1987年前后,我得到他的几篇讲义,真是高兴——他老人家看到那么多东西,他的观点与我的观点居然如此符合。后来,我对新石器时代的研究整理就是依傍苏先生的想法来做的。

遗憾的是,我无缘向苏秉琦先生当面请教。我直到1992年才第一次回到祖国大陆,去了西安的陕西考古研究所。在研究所的仓库里,看了几天当时新出土的文物,既激动又兴奋。我感谢故友张忠培先生,承蒙他的安排,我才能连续十年每年都回国,访问考古遗址或研究单位;也和他共同安排了几次讨论班,与国内的考古同仁交换意见。

那十年间,我从他那儿学习了中国考古学最重要的部分。我们同在遗址时,彼此商量对于这个特定遗址的解释,寻找其在中国历史上的意义。我们最后一次在一起,是访问广富林遗址。那一次我记得很清楚,我们讨论的主题是:究竟如何寻找一个文化的发展——到了哪一个阶段这个集团可以称为"国家"?这些讨论,总是脱离不了他记忆中的苏秉琦先生和我记忆中的李济之先生。我们常常感慨:假如没有两岸的分隔,这两位老先生能够携手合作,中国的考古学可以少走多少冤枉路!

何为中国

问:您在《说中国》这本书里讨论了"历史"与"文化"中国的变动,提到"中国其实已经成为一个自我矛盾的名称",怎么理解这个矛盾？是指它认同的基础、血缘和文化上的这些纠缠？它的历史是同一共同体的连续，还是各种不同族群的融汇？如果说这部书是对"华夏或中国"历史形成的自我审查，那么华夏与中国的联系是什么？

答："中国"二字，原本是地理名词，但慢慢地变成一个以政治意义为主的"天下国家"。它维持在这一块东亚土地上，一代又一代不断地演变，又不断地累积，终于形成一个完整的大集团。这样的文化累积特性，一方面是东亚地区这一大块土地上曾经历过的特有过程；另一方面，由于东亚的地形地貌，它也是这一整块土地处处密切相关、彼此依附而成的特殊过程。于是，中国"天下"的观念既是凝固这庞大人口的理念，也是因此内敛而又外拒，形成中国长期以"天下"自居的自我设限，终于在真正"进入世界"的阶段，处处发生自我调适的困难。

但"中国"因为集团太大，时间维持很久，所以更重要的一点是，它有中国文化最后的根，那是理论上的根，也是存在的根，更是一个"至高原则"，就是儒家"天人之际"的"道"："道"就是天道、人道合在一起。

如何是应有之事，如何是应做之事——这一命题，其实是"自我期许的命令"；同时也可能是"自我设限的命令"。有如此"命令"，在中国人的观念中乃是"天命"——是中国人，就不能避免自我认同。而在上述"自我设限"方面，我们对于接受外来的影响，也就不免迟疑甚至抗拒。

中国历史上，每一代都有一些人在中国面临改变时思考：何去何从？必须找到一套新的解释。到了唐朝，"中国"的含义就与汉朝大不一样了；及至宋朝，"中国"就发展出"理学"的意义；而到了明朝，"理学"上的意义转变为"心学"。这一转变，从外设的规矩，转变成内敛的陶冶。这终于使中国人在面临另外一套思考方式的西洋文化冲击时，既无法接受别处来的外设规矩，又不能将"自我设限"的心志与西方"预设"的神恩彼此调协。从鸦片战争以来，中国人始终无法解决整盘接受和自我调节之间的困境。

直到两百年后的今天，我们才真正认真地思考过去的东西。我们开始知道，要拣选西方对我们有用的东西——西方因其特定的发展、演化而发展出来的观念、制度、规则，使得他们可以言之成理；我们则应该因应自身现状，"慎思而明辨，择其善者而从之"。至少我这一辈子的工作，就是希望让这一融合的过程更合理、更完整；而且考虑到接受新东西，要考虑将其"镶嵌"在何处——我用的是"镶嵌"一词，这是我自己的立场。

问：中国这么一个庞大的大一统的共同体，发展了几千年，为什么现在面临那么多各种挑战，一直没有崩坏，也没有分解，背后核心的原因是什么？

答：中国历史上面临的外部挑战，一个是饥饿，另一个是侵略。农业是自生自长的事情，农业好的时候，凭两只手就能养活全家。以农为本的中国，在汉代以后已经平稳地发展出"精耕细作"的农业。因此，只要田亩足够，在安定的局面下，就可以做到以足够的劳动力，养活足够的人口。

作为农业国家的中国，如果有问题，一则天灾，一则人祸。前者不会永远发生，也不会全面而持久地发生。因此，中国的农业，只要没有重税、没有重租,且劳动人口不减少,那么这种农业秩序基本可以长期维持稳定。

"人祸"可以分成两种:一则是国内秩序失衡,政府的管理制度失效,于是农家无法有安定的日子维持正常的生产;另一则是外敌侵犯。

过去的外敌主要是北方和东北方向的游牧民族——他们居住在气候比较寒冷或干燥的草原地带,牧养经济生产力并不稳定,遭逢天灾——长期寒冷或干燥,会逼迫他们向南侵犯,寻找更好的牧场。北族南犯中原,铁蹄进入阡陌纵横的农地,难以驰骋。而且中国可以不断地向侧面或南方撤退,维持长期的抵抗。北族通常无法熬过这样的"消耗战",终于被中国消灭或同化。

这种外族侵犯的个例,可以长期不断地出现。因为邻近中国的外族先企图进入中原,更远方的邻居便一群群地跟随前面的"开路先锋",尝试牧马中原。于是,这种灾害——例如"永嘉之乱"时期,可以持续三四百年之久。另一种形态是从契丹以至于蒙古,接下来是女真满族——这种长期一波一波地侵扰中国,胡汉之间不断地更换角色、互相进退。如此后果,就是汉人政权和胡人政权轮流占有中国,甚至建立"二元体制":北族以北方当作自己的"老地盘",以草原方式继续经营,也作为其维持中国的后援;而在汉地,则收取钱粮,维持汉地"中国式"的朝代。

所以,"中国"这一含义不断地变化:从现在的黄河流域扩展到长江流域——长江流域的总生产力数倍于黄河流域;进而扩到沿海地区——虽然那片区域较小,可是进一步扩大到西南,力量就大了。上述制度,以满洲政权维持最长期而稳定的"二元体制"。因此,"中国"的内涵也就在其制度之下,潜移默化地转变成现代国家(而非完全汉人)的基础。可是,清代始终只能做到"前现代"的体制,这种牵绊永远不能将其转变成现代式的国家体制。

如前所述,还有一种形态的朝代更换是由于农民起义。农民平常安居乐业,假如政治环境良好,即使有天灾或者疾疫,只要政府功能正常,通常可以赈灾或移民的方式解决这一困难,而不至于颠覆政权,更不会颠覆"精耕细作"的农业经济。

农民起义会造成大规模的变乱,甚至改朝换代。其基本的原因,乃是政府本身的管理机制——制度老化,或者某一阶级的垄断权力——导致其不能应对民困、做出适当的补救和济助。最后,农民起义的风暴会颠覆通盘的秩序,建立新的政权——却未必建立新制度。于是,朝代名称改了,国家名称换了,旧毛病却没有革除,换汤未换药,那就成了长期的痼疾。中国古代历史上,就有这种长期无法革新的困难。

问:怎样理解中国的文官制度?

答:中国从汉朝起就讲"经明行修":通晓经学、品行端正的人,就是"士"。但是他们要想进入太学,就需要经过一定的选拔程序。他们会选一部经典作为自己修读的专业,要保证学术思考能力过关——就像我们写论文一样。太学毕业后,这些人回到家乡:大概有十分之一的人可能会被推荐到地方政府,从基层开始,逐步升迁,最终进入中央政府。

如此情形之下,这些知识分子除了必须具备"经明行修"的基本素养,还要有"牧民之责"。按照《论语》的意见,候补官员如果能够做到修己,再进一步做到安民——也就是说,如果他们有德行和能力,就足以治理国家。《论语》的盼望不仅仅是"安民",还有"安百姓"——此处"百姓"的意思是"百族",也就是许多其他族群。到了那一阶段,就是从一般的国家终于开展为"天下国家"。只是,儒家也觉得这一理想实在遥远,所以不一定能做到,甚至不必马上做到安顿整个"天下"。

问:中国为什么没有发展资本主义,这一直是学界争论的话题,不同的学者从不同的角度对此做了分析。您的观点是什么?几年前,学者彭慕兰在《大分流》一书中提出"欧洲例外论",您怎么看待他的研究?

答:先将你的问题和前面我们的讨论联系为一。如上所说,儒家"治天下"或者"安百姓",是个遥远的理想。一般的情况,只要知道小康之世,政府亲民,百姓安乐,也就是相当好的结果了。这种理想的儒家不设想中国担任天下共主的责任,因为那是"大同"的时代,《礼记》的《礼运·大同篇》明白说了:先做到"小康",这是目前的要务,别想管得太远。这一自我设限,实际上是每个王朝都希望做到的常态。另一境界,必须在中国能够做到"完美的小康"之后,再看看自己能不能管理天下——中国儒家真正的理想不是想做霸主,最多管到四邻,互相不侵不犯。明太祖立国之后就宣告,四邻有十四个"不征之国",也就等于宣称"你不犯我,我不管你",彼此睦邻共存。明成祖派遣舰队"下西洋",先后六次大舰队航行,没有灭掉任何一个国家。明朝的如此作为,就是摆明了:我们不是天下的共主,只是一个"老大哥"而已。

与今日世界上资本主义国家的发展历史相比，西洋的历史则是摆明了由贸易取得最大程度的利润：经济获利为第一步，下一步即是"通盘接收"，乃是贸易转为殖民，以完成全盘的掠夺。从16、17世纪开始，西洋人经过远航，纷纷割占世界各地，那是一个全盘征服的制度，而用"天下国家"的口号作为借口。这种"天下国家"，以力量为本钱，而不是以治理、安顿为目的。资本主义的趋利，是"极限的获利"。中国"精耕细作"基础的农业经济，只是家门口自家土地的充分利用。二者之间的差别就在于中国制度是大家共有"天下"；资本主义的制度，则是"唯我独尊"——做不到统一的时候，至少要做到一方之霸，这就是自从罗马治世（Pax Romana）以至今日大英帝国的霸权（Pax Britannica）或美式霸权（Pax Americana）。中国式的天下是农业的，不会想到全球都是农田；欧美式资本主义的"天下"则是赚钱唯恐不多，财富没有止境，那才是真正走到极限才停止的制度。

明朝生产力强大，也开展了多方面的生产活动，确实有可能从农业经济逐渐进入资本主义经济。这一"现代性"也可以解释统治阶层专政和知识群体理想之间出现的巨大裂痕，并引发诸如东林儒者的群众活动等现象。经济史学家和社会史学家都已经注意到明代的都市化现象，尤其在江南及华南一带有显著的开拓。

我认为，明代几乎可以和欧洲的商业化社会个别而平行地发展。只是为何明代没有走向欧洲同样的历史途径？

我的观点是，第一大原因是生产力：机器生产当然比手工生产快，但是随之而来的问题是——对明朝而言，为什么要大量生产？生产出来的东西卖到哪里去？为什么欧洲需要市场，中国不需要市场？因为中国可以自给自足——村子里卖不动就到镇里卖，镇里卖不动就到县里卖，这就足够了。

但是西方从西班牙开始，到英国、美国，是要将生产的商货转卖他人以赚取财富。购买商品供自己消费是一回事，中间并不产生利益。转手是另一回事，这是有利润的——船跑得越快，商业利润越大、赚得越多；拿到商品的成本越小，赚得越多。所以，欧洲人发展出来的模式是：商业资本主义+工业机械化生产。工业机械化来自两方面：一个是矿场里拉煤的机器，提供源源不断的动力；另一个是船上加一个机轮，跑得快、跑得远——这两样东西都是为了生产出廉价的产品，卖到他方赚大笔的钱。可以说，这是"另一种方式的游牧"，他们的掠夺不靠传统的鸣镝、快马，而是凭借机械和商品。

问：古代历史上的东西方贸易，虽然主要是穆斯林在中间做转口，但是中国的大宗商品卖出去依然会产生巨大的利润，白银持续流入。既然有这样的外销渠道和大市场，中国为什么没有把这个轮子转起来，更没有转得更快呢？

答：从宋代开始，官方介入榷、监等类生产事业。榷、监中的工作人员中，相当大一部分是皇室成员或来自功勋家族，他们不隶属于一般的政府官僚组织，而是以皇家专营的方式维持特权。好处是：既然他们是特殊人员，日久以后，多少有点专业训练；他们手下的技工，也因为职业相当有保障，愿意专心致志地改良产品。我以为如上这些条件，使得宋代的手工业和专业生产能够提供大量的产品——不仅内销，而且有很大一部分外销至东亚乃至印度洋。因此，宋代这种产业的数量，在全世界的生产当中占了相当大的比例。

上述"官办企业",例如烧瓷、冶金等,生产量大,利润也厚;所得利润则用于供应皇家与贵族生活,并没有将资本投入再生产或企业的升级。宋代的外贸,在全世界贸易中占相当大的比例,俨然一如今日中国的生产能力在世界名列前茅。我们可以将前述"国有企业体制"称为资本主义以前的"前资本主义"或"类资本主义"。自宋以后,这种体制在中国维持不断;到明代,是太监代表皇权监督产业;在清代,是内务府独占产业。数百年来的专断,这种体制惰性逐渐显现,而且成为痼疾,以至于不再可能转化为健全的市场体制下出现的资本主义。

问:葛兆光教授曾经提出这样一个观点:中国历史上有四次改变"天下观"或世界观的方法和机会,可以使中国走出中国,重新打开眼界、认识世界(最早一次机会是在佛教传入中国的汉代,第二次是宋代,第三次是在横跨欧亚建立帝国的蒙元时代,第四次则是晚明传教士带来新的世界地图和世界知识的时候)。但因为种种原因,最终都没有改变中国认识世界的观念。您的观点呢?

答:我认为,汉代为"天下"之一环,已是显示这种现象的初阶;唐代更是一个相当活泼的国际化时代,承受外力影响更深,众声喧哗,五彩缤纷。几乎所有"旧大陆"的教派都进入中国。甚至有的整个族群逐渐迁入中国,终于融为中国人口之一部分。

最可注意者,则是多种外来宗教进入中国:有的在中国存留,有的在中国改变——例如,波斯的拜火教与中亚的拜火教就在这里合而为一;还有祆教和东方教派的基督教,最后是回教,都是各教并存、进入中国的现象。

唐代对后世的影响很宽、很长、很远，但是在思想领域后来慢慢退至拜火教与佛教。佛教本来宗派很多，后来主要集中在两个：一个是禅宗，另一个是律宗，进入中国以后简化了。

道教反而开始分化，一部分是道教本身的演变，例如在南北朝时道教有内、外两个，等等；另一部分则接受了佛教的影响。在唐代，佛、道二教比肩而行，彼此影响。那一时代，文化潮流、思想观念的交融过程复杂，也活力非凡。

问：您在"说中国"系列里一直强调中国文化的"同构性"，如何理解这个"同构性"？由于地理特征，欧洲大陆从本土到地中海外围，很难形成像中国这样同构性很高的、庞大而复杂的文化系统。这其中各自的利弊是什么？这种文化的同构性是不是天下国家的结构具有"超稳定性"特质的主要原因？

答：中国文化之中，有些观念万变不离其宗："老天爷"是"看不见的神"，是"具有人格的神格"，与基督教、伊斯兰教里"人格化的神"迥然不同——那是"人格与神格的双重性"。宋以后，"人格性"的一面被淡化；"神格性"——也就是"自然力"的成分加强，于是就出现了"天人合一"与"天、人各有特点"的分歧。

中国文化的精神，基本上走的是天、人两分而互动的趋向，从西周以来直到现在：中国经常有团体与个人之间的连续性，而非对立——"修己"再"安人"，"己"与"群"是不能分的。与此相对，在西方社会，"个人"与团体始终是对立的。

这种两分而互动的观念，其实不会带来"超稳定"的特性。相对言之，例如群己两端，是互相对应也互相调节的关系，并不是一成不变,更不必然造成特权阶层把控社会。如果不幸,特权(例如皇权或者贵族阶层)把持社会的现象出现,最后的结果是,把持者自己僵化、失调而终于成为"社会的癌症"。

问:回顾中国历史,早在战国时期就曾经有高涨的人文主义精神,提倡个人价值,比如孟子就主张老百姓有反抗暴政的权利。但是这种人文主义的精神,包括这种反抗,为什么到后来就消失了?

答:其实你所说的这种现象并没有消失。如前所述,独占利权的阶层越强大、越持久,社会的分化和对立也就越强烈。唐宋以后,农民阶层最辛苦,因为前述独占利权的社会成分把持不让;如有天灾或人祸,最底层的农民穷苦而无处告,叫天天不灵、叫人人不应,民间在吃树皮,上面不知道——或者太监知道,皇帝不知道。这时候,农民揭竿而起,造成长期的、大规模的动乱,乃至改朝换代。历史上,这种个例太多了。有些朝代的覆亡,不是由于外患,而是因为内乱。代替覆亡一朝的新朝,例如明代,并不理解"前车之覆、后车之鉴";到最后,又被另一次民变削弱了皇朝的根本。这时候,外敌的入侵,正如大病之中身体完全没有抵抗力,努尔哈赤的小小部落轻易就将大明颠覆。其实,真正颠覆大明的并不是努尔哈赤,而是李自成。

若论"士"与皇权的关系,明朝的情况最为恶劣。自古以来,君权都应受儒家经典理念的约束,不能独大。但明太祖朱元璋取得天下以后,大量诛杀辅助其打天下的文武官员。到后来,朱元璋将皇家子弟分封全国,各占地盘;许多"朱千岁"之外,还有那些太监,在几乎所有的"国有营利单位"占据地盘。宗室与宦官吸干了明朝的国家收入——国家因此没有足够的资本去维持治安、平息民变,其后果就是外敌虽弱，居然就轻易地拿走了朱家天下。

至于中国读书人本身的自我认识，在明朝确实有所改变。发端于南宋"向内求索"的原则，被明代的"阳明心学"发展为一个很重要的儒家学派。王阳明认为，"良知""良能"出于"良心"，人人皆有"良心"："良心"是自己的主人，后面有宇宙运行的大原则——权力最大的君主也管不到天地。这一学派的出现，使得作为儒生的士大夫找到了道德抗争的依据：凡是背离理性的事物，都不应存在。一些有骨气的儒生因此而理直气壮，不顾生命，一波一波地引发对皇权的抗争，例如"东林""复社""几社"等。他们为天地之间开创了知识与道德的勇气，面对廷杖甚至死刑，书生们前赴后继，不断地抗争，留下了"富贵不能淫、贫贱不能移、威武不能屈"的榜样。这些人的牺牲，我们后代无不敬仰。天啊！我们何尝愿意看见这些典范人物的牺牲？我们何尝不希望有人提出警示，上面就会改变啊！

问：陆九渊、王阳明都强调以个人心性为主，为什么最终还是没有形成可以与皇权对抗的权力？科举制在扼杀知识阶层的独立思辨精神方面扮演了什么角色？明代曾试图从官家化的儒家解放出来，未果。这是不是近代中国走向衰败的开始？

答：你提出的问题，值得深思。中国近代的衰败，并不完全在于西方的武装力量更为强大——坚甲利兵是可以学习的；拒绝改变或者麻木不仁，却是根本的问题。我们以清末为例，从鸦片战争到甲午之战，中国多少次可以真正地开始革新？可是，革新终未出现，最后是破坏性的革命毁掉前面皇朝专制与最保守的知识分子把持权力的结构：革新不可能，只有在"同归于尽"的状况下，颠覆清朝。可是接下去的政权继承了皇权特色，固守政权，而不知道改革之必要，蹉跎时间，以至于数度大战，内外交迫。

儒家的学者，有一部分只求自己心安，反而将真实的问题留给皇权及其依附者。这种逃避的心态，其实与真正儒家以"良心"为道德勇气，如同孟子所说"可以仕则仕，可以止则止"的人生境界背道而驰。真正的儒家，是如文天祥在《正气歌》中所说的那些人物：像张巡、颜杲卿，为了天下大义不惜牺牲性命的志士。天道不仁，以百姓为刍狗，更以真正维持道德尊严的学者为牺牲。天啊！何其不为天啊！

问：您的著作里面常有中国哲学与西方哲学源流的对比追溯，比如您经常提到中国人的关怀是为了安排一套人间的秩序，是相当于个人和自然的关系、个人和群体的关系这么一套伦理学的范畴。希腊从苏格拉底时代开始的学问传统，似乎是更趋向于寻找知识和建立知识体系的一套方法学，他们关注的是超越自然和人心的理性。怎么样去理解中西方两种不同的哲学观点？

答：有关这一问题，中国人读一读《斐多篇》，就可以大略知道东西方思想的差异。希腊的大哲柏拉图，在其老师苏格拉底离世前与他讨论了这个问题：他们求真——"真""善"应当一体，而他们也是如此认为的。但是，希腊神话中的生活不是"善"，而是相当的任性。众神都行为不端、男女情爱混乱不堪，柏拉图认为因为神话中的混乱，在一个已经进入文明的城邦，就该思考如何从求"真"进一步求"善"。苏格拉底认为，他自己所见的城邦制度并不理性。因此，所有城邦呈现的政治制度和社会现实，都有极大的缺陷。

除了政治，物理世界也应当有其秩序，这就是科学的领域。从"真"中找到"善"，也就是合理的情况。

城邦之中，既然所见的只是原始欲望的将就，那么，如何以"善"为方向，在混乱之中找出合理的秩序并预防目前的城邦制度会走向"不善"的成分，如僭主、暴民等，就成为他们需要思考、面对的问题。

他们看见城邦内部出现暴力的苗头，所以要针砭城邦，要浓缩道德之学，所以主张"哲人王"管理国家。这一"哲人王"不是直接做王，而是监督城邦——以良心来监督。

从这一出发点来看，西方传统有两个东西：一个是游牧、战斗部落的权斗，也就是为了酒色财气、欲望、淫乱、权力；但是，在这时候永远有一个头脑清醒的人，替老百姓看天象、气候（有时候还看地理形势），类似中国古代"姜太公"的角色，他们后来有的成为"博士"，有的成为"先知"。

这一转换在欧洲非常不容易，但是在中国相对容易：中国的大部分地方是农耕——农耕是生命的再造，没有善恶可言，只有因时而动。因此，在中国"天人合一"是农业生产的和谐得来的；游牧民族的"善恶对立"，实际上是"顺我者昌，逆我者亡"的强暴。

问：您在书中也说到类似观点，说中国思想的二元观，甚至多元并存的观念，都会综合成辩证的推演，这是否意味着中国文化缺乏绝对理性的追求呢？

答：传统的中国思想不追求绝对理性，而是追求最终的"善"与"和谐"——二者都是动态的。比如：教育一个所谓的"坏小孩"，你用软的办法感化他，可能比较合适；若是用坏的办法惩罚他，这个孩子可能就被毁了。对于自己，同样如此：可以用善的办法自我反省，发现"我错"，则自我纠正，不用自以为是，斗人为乐。

问：这种动态在中国历史上一直存在，但是为什么到了南宋以后，朱夫子解释的儒家伦理又变成一个固定僵化的结构呢？

答：朱夫子的思想是"结构论"：有一个四平八稳的秩序，这是一个已经设定的"理想结构"。于是，君臣之间就如天地之间：明君英主代表了最善的秩序。但是，下一步的推演，只要是"君"就是"明"，只要是"主"就是"英"——有了这种预设，君臣之分就不容僭越，上下之间就是自然的秩序，不容挑战，更不容颠覆。

问：您怎么评价明清以来的科举制？它对中国知识阶层的长远影响是什么？

答：科举制，若以考试而论，并无大错。两个人的能力，是要比较一下才能知道谁高谁低；不同的任务，当然要找不同的人才，承担解决问题的责任。中国的科举是考经书中各部分内容的互相关联及互相阐释，它最重要的前提是要求考生对整套经书的熟悉。这种做法当然是以整套经书预设的解释为准，不容许另设一套自己的解释，否则人人自设解释，就没法比较了。

明清八股文的考试，是要花心思的：章节布局的安排必须符合起承转合的规范；对经文的解释必须按照官设的注疏。这种作文方式并不简单，乃是一种"智力测验"。清朝康、雍、乾三朝有真才实学的人，当然可以按照规矩，接受这一"智力测验"；一些平庸之徒，只需要背熟"标准文"的格式和内容，自己稍微变通亦可成文。这种方式四平八稳，只是换几个字眼而已，形同抄袭。《儒林外史》中所谓"闱墨"，即是上述"标准文"。例如台湾地区的联考，那些个补习班甚至教你如何背数学难题，背物理、化学的方程式。所以在那里，没见识的家长和老师监督学生功课的标准不是"懂了吗？"，而是"背了吗？"，甚至以抄书作为背诵的方法。

至于明清时代，真正能读书的精英，其实很多不屑应考。他们认为：士大夫是替国家做事，不是替皇家做事，更不是替考卷做事。读书为明理，做官为办事。这种人，也就是《儒林外史》中所认为的上层人物；至于第二等人物，则是放纵不羁，不屑于按照这类规矩应考、求取功名；第三等人，才是背好了书，按照规矩做典型的标准文章，对上司只要服从，对皇家只要尽忠。这样考试出来的人才，碰到读书人应当解决的研究和思考，他们就认为是"离经叛道"。真正的读书人，于是不屑与科举人才同流合污。倒过来讲：官家录取三考出身的人才，碰到现实问题，他们没有可以背诵的原本也没有标准答案时，往往只有磕头，"请皇上指示"。

问：自五四新文化运动以来，对儒家文化的反思未曾中断过。比如蒋廷黻描述了20世纪初以来中国意识形态的崩溃。他说："从君主制分离出的儒家思想，就像一个缺少大教堂墙壁支撑的飞拱，无法独自发挥作用。"现代文化以尊重个体权利为出发点，而儒家文化更强调人在一套系统里的位置和安排。儒家文化究竟能否生发出现代价值？在中国走向现代化的今天，应该如何看待儒家文化"遗产"？

答：真正处理儒家的思想传承，是要能够理解儒家设定的一些前提，以及理解自古传承的经书、史书，其中的内容其实不过是一些资料而已。要从旧资料中推演出应对实际问题的解答，其实是不可能的事。于是，根据历史传承的经史寻找前例，再从这种前例中归纳解决问题的方式，往往离现实有凿枘不入之困难。真正的解决问题，是必须知道如何运用自己的智慧和可借用的社会人文学科方法学，对问题做出适当的处理。如果在今天的世界，还要有一些预设的假定，例如不尊重经济学上的统计，而只考虑官设经典的前提，非要按照预设的架构寻找答案，那就不过缘木求鱼而已。

明清时代，何尝没有通人？明末清初，顾亭林、黄梨洲、方以智这些人物遵循心学，以他们的良知、良能找问题、求答案。他们留下了许多著作，让我们可以学习如何观察、如何存留记录，然后从可以见到的前例之中归纳一些可用的方式来处理所面临的困难。今天的社会科学，单以经济学和政治学而论，也就是如此而已。经济学注重统计资料，市场的价格、货币的数量、各项目的生产指数：这些项目加在一起，找个理想的情况，再以理想的情况与现实对照，于是答案就自然出现了——明清时代的能臣良吏，何尝不是如此做法？

做学术界的世界公民

问：您曾经提到过要做"学术界的世界公民"，这个想法是什么时候确立的？您还说过："我到50岁时才拿（将）自己的爱国思想摆在一边，我觉得不能盲目地爱国，我发愿关怀全世界的人类跟个别人的尊严。"这些观念的转换是如何发生的，有什么契机？

答：这与我在芝大的经历有关。芝大本身是一个现代的学府，文、法、理、工、农、医科科俱全，而且都站在时代的前哨。那里的授课老师教导我们以最当前的现实课题作为难题；又向我们介绍，目前世界对这一类难题有什么解答方法。我自己上课的经验是：老师不是按书本讲授，而是出一个问题，让大家一起回答。在回答之中，彼此讨论，甚至辩诘，以求取可以解答难题的最好方式。至于书本的材料，以及手上可以有的方法学，都得学生自己去寻找适当的参考资料。平时作业是短篇小问题；学期作业是比较大的问题；博士论文就是找一个别人没有做过的难题，自己设想可以找到的方案和方法学。这种第一步的构想，在班上陈述、彼此辩诘，教授也介入——不是批评，而是一样地参与辩诘，最后按照陈述的论文方向，自己完成。老师要求你的，不是照他的方法做；而是遵照你自己创造的一套方法，寻求解答。这种习惯坚持五年下来，已经变成日常处理问题的态度。彼此讨论，也不限于课堂之内。我住在神学院宿舍，这里的住宿生其实来自各科系。在饭厅中我们会边吃边讨论，甚至半夜准备休息了，在浴室中一面清洁自己，一面彼此提问——这一时段的讨论，可能"不知东方之既白"。

在近代中国文化圈里，能够提出"放诸四海皆准"课题的人几乎没有。因此，我们必须有全球化的视野。在芝大我读韦伯，也与神学院的朋友们讨论各种宗教议题：从中东找出独神教和多神教之间的差别、教会与非教会之间的差别，各种不同的宗教之间、各种不同的文化之间，宗教与文化之间的协调与距离都是比较出来的。我在芝大有这个习惯，在匹兹堡大学也有这样的习惯，我还会参加许多不同的讨论组。

所以50岁以后，我对中国的看法有了更清楚的认识：我将"最大的全人类"与"最小的个人"这两个项目视为真实不虚的东西——国也罢，族也罢，姓也罢，都是短暂或局部的，经常变化。哪个国的疆域没有变过？哪个族是永远这么大的？哪个姓没有经中间变化而来？哪个地方是永远同一个地名？哪个村永远是同一批人？所有这些设定，都是变化的。

问：您在最近几本书里批评西方现代文明的弊端，疾呼建立中国的现代文明秩序。但也有读者批评您的很多判断是由于被"家国温情遮蔽"，担心一些观点暗含了现在高涨的反西方的民族主义情绪。您怎么看这个意见？

答：我成长在战乱期间，抗战开始是1937年，我不到7岁。从那以后，没有经过太平日子。我们自己家里还算幸运，哥姐们都有学校可上，我是残疾，无法在校独立生活，只能在家自己想办法找书看。我的学习过程是这样的：早期，我的双胞弟弟在学校学习知识，放学回家后可以转教给我；等他进入初中，我们也从战地迁移到重庆，我在家自己读书。除书本外，报章杂志时时地提醒我：我们还在战乱期间，还有许多老百姓在生命交关之间东奔西走。即使在后方比较平静，但是物资缺乏，人人都是贫穷的，衣食不足。等到1949年迁移台湾，乃是逃难，又是至少二十年的艰困岁月。

这些现实，我想如今太平岁月中长大的年轻人不容易体会：没有国家，甚至于"人不是人"，只有被敌人当作欺负、猎取的对象而已。在那种环境下成长，你能让我不感觉国家与同胞的命运同生同死吗？在那种环境下，你还能任性而为吗？你能不想想大家的共同福祉吗？

所以，我的本意并非主张民族主义。中国思想是中国文化的一部分，年代长，发展的过程复杂。中国文化本身，是一个经千锤百炼以后的成果。而且中国的文化，是以人为本体的；相比之下，西方文化的"宗教底盘"，乃以神为本体。中西文化之间，自然有很大的差异。

我留学期间，以及后来在美国长期工作时，得以近距离看到西方文化本身怎么从"神的根本"逐渐发展为"人的根本"，但是又从"人的根本"，发现群体与个体之间互相依附又互相冲突。

在同一个时期，我亲身经历了美国在经济和社会方面的种种变化，以及现代科技的突飞猛进。这些变化，到今天还在进行。西方文明实际上正在经历从成熟到逐渐发生问题的阶段，西方曾经有过一段辉煌岁月。他们重个人也重秩序，能生产，也重分配。这双重的要求，在第二次世界大战以后一步步地"逼"到工作日程表上。我所经历的数十年，正是西方成全了自己，又在改变中挑战了自己，而终于想要安顿自己的过程。其中的变化，我无法在此处一一详述。数年前，我写了《许倬云说美国》一书，就是将自己所见所知报告于国人。我尤其注重美国从开国到今天所经历的颠簸、起伏——他们并没有定于一点。今天他们的困局，他们清楚，他们也理解。我在陈述那些改变时，态度与美国冷静的观察者是一样的：心存悲悯，也希望找到出路。

我至少要说明：我所见到西方的这一段挣扎，到现在还没有真正地离开困境。同时，我也能理解我们的前辈（第二次世界大战前在西方留学的中国学者），他们看到了西方信心满满的时代；而西方本身在科技方面的进展、经济方面的丰足，战后都面临极大的改变。西方学者不断地在思考，过去对科学、自由经济和政治制度无不重新思考，那是大战之后自己的反省。西方经历的这一过程，乃是我们的前辈在留学过程中没有看到的现象。这就使我和前辈,在看待西方的视角和视线上有了极大的差异。

18世纪,中国遭逢来自西方文明的挑战,在交锋中一败涂地。在如此不利的情形下,中国不得不学习西方。由于学习西方的动力是失败之后不得已而为之,所以,人们的心理状态难以平衡,也就难以遵循正常的心态学习:严拒、不甘、饥不择食、囫囵吞枣,以至于五体投地,崇拜而不省察。

近两百年来,中国人学习西方事物,不先从根本入手,也不从变化的过程中入手,如此何以理解真正的西方?而且,"西方"不止有一个:欧、美有差别,欧洲的东、南、西、北彼此之间都有极大的差别。如果我们只是笼统地称之为"欧美",其实难免有盲点。

将来,希望有国人能从根本上厘清西方思想的渊源和脉络,找到中西如何互相调适的途径。

葛兆光

历史的远处与当下的观照

有人称葛兆光并不是那种"登高一呼"式的知识领袖。但是自20世纪80年代进入学界以来，他"以近乎苦行般的思想耕作和敏锐深刻的问题意识"，在中国学术史、思想史以及全球化背景下中国的历史文化定位等问题上都有精深研究和见解，从而搭建起当代学术史上非常有分量的一块版图。

1960年，10岁的葛兆光随父母一道自北京下放到贵州的小县城凯里。1968年初中毕业后，他又到苗寨当知青，和语言不通的苗族人民打交道。他种过地，也在砖瓦厂、农药厂和供销社当过工人，直到1978年他考入北京大学，离开了生活十七年的贵州。这段处于边缘的经历让他认识到不一样的"中国"。这或许也是他后来学术生涯中始终贯穿的去"主流化"、去"中心化"意识的根源。

20世纪80年代，他开始进入学术界。在悠长的学术生涯里，葛兆光教授不断变换研究视野与领域，其研究方向发生了几次重大转向。从早期对宗教和中国文化的研究，到90年代对中国思想史的关注。在三卷本《中国思想史》里，他将研究的目光从精英身上往下调，更加注重"一般知识、思想和信仰"，从而打破了思想史研究的陈规定式。2006年，葛兆光到复旦大学组建文史研究院，又开始着手推进"从周边看中国"的研究项目，以"亚洲"为单元帮助人们重新反思对中国的旧有认知。他希望传递这样一个信息：中国不是一个想象出来的共同体，要在历史中理解中国。

"做到这一点，不仅需要对周边国家的史料竭泽而渔般的阅读和汲取，还需要新的学术关怀。"这份关怀的背后大概是葛兆光教授力图寻找一种"超越国境的历史观"的努力。最近几年，他又把"中国"置于一个更广阔的时空里，在全球文明交流的视野中，重新观察、讨论，带领我们进入"从中国出发的全球史"。

"大家闭上眼睛想象一下，如果你到了遥远的太空，就像李贺《梦天》里说的，'遥望齐州九点烟，一泓海水杯中泻'，可以一眼览尽我们这个七分水、三分陆地的蓝色星球，这地球上面哪里有什么一道道的国境线，有什么大小圈圈的城市，各国怎么会是不同颜色？如果我们闭上眼睛想象一下，当你身处遥远的太空，能够看到整个地球，你又仿佛神灵一样，可以把时间压缩起来，亲历整个悠久的历史，那么你会看到什么？是古往今来的各色人等像小人国的小人儿一样，几千年、一万年，在这个星球上来来往往，打仗、迁徙、耕作、贸易、祭祀、生儿育女，船只在海上来来去去，各种车在驿道上走来走去，'浪淘尽，千古风流人物'，山谷多次变了高陵，沧海几度变了桑田……"在全球史课程的开篇，葛兆光教授用这样一段诗意浪漫又胸襟宏阔的语言，告诉读者：真实的历史绝非壁垒分明，它是流动的，是穿越的。这样的一部全球史是人类彼此联系的历史，并不是被尔疆我界禁锢住的历史。

对当下的观照，也自始至终贯穿于葛兆光的历史思索。作为一名历史学者，葛兆光坦言，近些年来，他对现实的关切更为迫切。他形容自己"曾在背后的大门里头，看到过长长的历史和我们走过的路"，这条路由过去的历史经验、历史记忆、历史教训凝聚而成；"也明白我们好不容易走到门口，当然应该向大门外面继续走下去"。但当下他感觉好像又到了历史的十字路口。"坐在历史门槛上的我们，恰恰应该静下心来好好想想。"

全球史是彼此联系的历史

问：您最近几年一直在倡导"全球史"（global history）这个概念。它的具体内涵是什么？与我们之前熟悉的"世界史"（world histroy）概念有什么区别？

答：让我先从"世界史"在中国的历史讲起。

在中国，开始改变"以中国为中心"的世界知识和历史书写，认真了解中国之外的世界，应该说是从19世纪中叶第一次鸦片战争前后开始的。像林则徐的《四洲志》、魏源的《海国图志》、徐继畬《瀛寰志略》等，都说明那个时代的知识人要"睁开眼睛看世界"。

而中国人真正了解世界史，首先是通过传教士对欧洲的世界史著作的编译，像郭实腊（Karl Friedlich Gutzlaff）、马礼逊（Robert Morrison）、麦都司（Walter henry Medhurst）的书。你可以特别注意1900年广学会出版的《万国通史》，因为它的影响很大。其次，明治时代日本模仿欧洲的世界史著作也被翻译过来，像冈本监辅的《万国史记》在知识界就很流行，也曾经用作学校的教材。更重要的是，由于1894年甲午战争战败、1898年变法失败、1900年义和团运动，晚清朝廷不得不从政治、制度和教育上进行大改革，这时候，"万国史""外国史"或"世界史"的教育，进入官方主导的学校教育。1904年，官方规定，除了中国历史，大学必须讲授"万国史"，中学要讲授"欧洲和美洲史"。在这种历史大变局中，中国"被迫"进入世界，"世界史"这门知识也顺势进入中国。

晚清、民国以来，中国的"世界史"在研究、训练和教育方面，主要受欧美、日本以及后来苏联的影响，因而一直存在一些明显问题：第一，由于世界史的内容非常复杂庞大，一直采取的是国别或区域历史相加、用"拼图"的方式组合成世界史，所以，国与国之间以及区域与区域之间的交错、互动和联系被忽略了。第二，在普遍认知和学科设置中，"世界史"（或者叫"万国史"或"外国史"）和"中国史"是被分开的，在中国大学、中学里，世界史似乎主要是中国以外的外国史，所以在中国形成了我们批评的"没有中国的世界史"和"没有世界的中国史"——中国和世界的历史好像互相不沟通，唯一互相沟通的，叫作"中外关系史"。第三，世界史叙述的基本脉络和分析重心，受西方的文明进化、发展进步的历史观以及马克思主义的经济史观、苏联的社会五阶段论等影响，使得世界历史的变迁，仿佛有一个固定的"规律"或"目的"。

因此，20世纪90年代"全球史"的概念进入中国之后，就引起了学界的很大兴趣。全球史强调超越国界的联系、互动、交错，正好在某种程度上修正了过去"世界史"的几大问题。只是"全球史"的门槛很高，给学者们提出了更高的要求——他们不能只是一国历史的专家，还要有更广阔的视野，善于发掘被国别史遮蔽的历史文献、考古资料甚至人类学调查。它同时也要求中国史学者必须把中国放在周边甚至全球背景下去理解，世界史学者要把全球历史和中国史联系起来考察。所以，现在中国学界还没有好的宏观的全球史著作。但是，学界大体上都明确："世界史"是由区域或国别史相加，是"拼图"

式的写法，它往往受到某种理论的影响，形成有"中心"（欧洲中心、中国中心）、有"时代"（五阶段论、古代、中世、近世）的历史叙述；而"全球史"是超越国界，强调互相联系、影响和交错，提倡"去中心化"的历史叙述。

我想，给"全球史"下定义是重要的，但比定义更重要的是，如何在全球的联系、交错、互动中研究和撰写历史，而且还能够在历史进化论、社会发展阶段论、三个世界论之外，找到一个全球文明和历史的叙述"脉络"。

问：如何评价中国的全球史研究现状？最近，您参与策划了一档音频形式的全球史课程，您的感受是什么？

答：从20世纪90年代开始，中国历史学界就意识到，全球史是与世界史不同的研究模式。2000年以后，二十年里国外有关全球史的著作，在中国被翻译、出版的相当多，不仅麦克尼尔（John R. McNeill）、雷蒙德（Jared Diamond）等启迪全球史方向的著作大量被翻译，就是完整和系统的全球史著作，中译本也不少。

但是，现在中国的全球史研究状况，是中国俗话说的"雷声大，雨点小"，也就是说，介绍国际上流行的全球史理论很多，但中国自己尝试写的全球史很少。尽管我一直说，全球史更主要的是一种观察视野和研究意识，而不是"上下五千年，纵横一万里"的宏大叙事，现在中国也翻译了许多像胡椒的全球史、棉花的全球史、茶叶的全球史、白糖的全球史等，但就是在这些具体领域，中国自己的作品也很少。所以最近几年，我组织了二十几个年轻学者，一起制作了一套超过二百集、播出两年半的"从中国出发的全球史"节目，希望通过全球史知识的传播来培养社会形成超越国家、具有平等和友爱的世界公民意识。

这套节目在2021年播完,现在正在整理成书。两年半的时间里,据说有近十万听众,有几百万次收听。关于"从中国出发的全球史"这个音频节目,我特别要说明的是,为什么要用"从中国出发"这个说法——必须说明,"从中国出发"和"以中国为中心"是完全不同的。因为全球史本来就是瓦解"中心"、强调"联系"的,"从中国出发"并不是为中国在全球史中争份额,突出中国的历史地位,而是要说明,这只是从中国角度看全球。如果以中国为中心,就违背了全球史的理想。

为什么要"从中国出发"呢?我有三个考虑。

第一,没有任何历史学家可以做到全知全能,360度无死角地看全球历史,所以,我们历史学者要承认,自己只能从一个视角看全球史,不要把自己的视角看成是上帝的视角,要承认历史学者自身的局限性。

第二,还要说明,我们是从中国的位置、角度来关注全球历史的,这种"视角"可以和日本出发的视角、欧洲出发的视角、美国出发的视角、澳洲出发的视角互相补充。可能我们看到的历史难免带有中国的理解和认识,比如我们说的"东",是朝鲜和日本,是茫茫大海,更远的是太平洋对岸的美洲;我们看到的"西",是从中亚、西亚、两河流域到欧洲甚至美洲。欧洲人看到的"东",有近东、远东;他们看到的"西",是隔了大西洋的美洲。我们把这些从不同视角出发的全球图景合在一起,不就全面了吗?

第三,我说的"从中国出发",也考虑到中国人接受历史叙述的时候，往往对中国熟悉的事情有亲切感，也比较容易理解。所以，我们会从一些中国历史故事开始讲全球史。比如讲"白银时代"，在15世纪以后，白银的开采和交易是涉及美洲、欧洲和亚洲的大事情，可是我们从明代后期用白银当作货币造成白银紧缺，以及最近中国考古新发现"江口沉银"，也就是明末农民起义失败时把大批银子沉在江底这个故事说起，这样就容易引起中国读者的亲切感，有助于他们理解。

很多听众通过不同形式的反馈，表示节目"改变了他们对全球历史的认识"，"打开了自己的世界眼光"，"改变了以自我为中心的世界观"。这让我非常安慰。

问：怎么来平衡全球史与世界史、国别史之间的微妙而复杂的关系？

答：全球史并非要完全取代世界史。目前全球史在物质文化、战争移民、经济贸易、文化史方面都有很多很好的研究，但是在国家界限非常重要的政治史领域还有一些问题，因为政治与国家的联系非常紧密，尽管政治、制度、意识形态也互相影响，但不同国家在形塑自己的政治和制度方面起了很大作用，全球史怎样表现和叙述历史上这种国家的作用呢？比如中国秦汉以来的郡县制，怎样放在全球史中叙述？我很同意德国学者于尔根·奥斯特哈默（Jürgen Osterhammel）提出的"包容国别的全球史"。

不过，尽管理论上提出"包容国别的全球史"这句话很容易，"跨越世界史和国别史"这个理想很简单，但在实际的全球史写作中，怎么把国家对政治、制度、文化的区隔和全球对物质、商品、宗教、艺术的联系，放在一本历史书中叙述，这涉及怎样理解历史、设计章节、安排内容等方面，实际上还有很大的难度。我也很想在这方面找到一个形式，但是很惭愧，至今还没想好。也许有朝一日，我们能够设计出一个兼容世界史和全球史两种特色的新全球史写作模式。

为什么讨论何为中国？

问：最近几年，您出版了三本研究"中国"概念的书：《宅兹中国》《何为中国》《历史中国的内与外：有关"中国"与"周边"概念的再澄清》。为什么要对"中国"这个似乎非常传统的概念进行重新研究？

答：这三本书出来之后，确实引起很多学者的关注。其中，《何为中国》在哈佛大学出版社出了英文版，获得很多评论，有赞同的，也有批评的。《伦敦书评》也发了耶鲁大学濮德培（Peter Perdue）教授的三整版评论，说明学界对这个话题是有兴趣的。

其实，我想讨论的问题很多，包括历史上的"中国"是怎样统合并形成一个自我认同的大帝国的？传统中国向现代中国转型，也就是从天下到万国，究竟是不是一个特殊过程？各个传统帝国在近代都逐渐分解，现代中国为什么能"纳四裔入中国"，仍然能够维持历史上的多族群国家？作为历史上朝贡体制的宗主国，中国与周边的关系如何？现在是否有所转变？历史中国的认同基础是什么？现代中国的认同基础又是什么？……

实际上，虽然很多问题被提出来，但还没结论。我举一个例子，也是历史难题之一，就是在历史上匈奴、鲜卑、突厥、回鹘、吐蕃、契丹、女真建立的政权，在那个时代是不是"中国"？毫无疑问，我们现在的中国是多民族国家，也就是费孝通先生说的"多元一体"。但如果逆向地用这个概念来回溯，把历史上的匈奴、鲜卑、突厥、契丹、女真、沙陀等都算在"中国"的历史里，这就出现了一些历史论述的难题：其一，如果将其看成是"中国"，那么，那个时候的汉族人承不承认他们是"中国"，非汉族人认不认同他们是"中国"？其二，假如把他们看成自古以来就是多元一体"中国"的一部分，是否抹杀了这些族群在那个历史时代的独立性和自主性？这是对他们的尊重吗？其三，这里与历史也有所不合，若说他们都是我们的小兄弟，可是，其实当时彼此是"敌国"，比如契丹的领土比宋朝的土地还要大，立国也在宋朝之前，公元916年就已存在，而宋朝在公元960年才建国，何况辽的土地横跨游牧和农耕两个族群，那么，谁是谁的小兄弟呢？所以，这里面就有很多论述上的难题。

在这一点上，我比较赞成这样一个说法：历史上，曾经有过"大中国"，也有过"小中国"。所谓"中国"的疆域是移动的，族群构成也是变化的。当我们倒溯历史的时候，我们不能总是用"大中国"来倒溯，用汉唐、蒙元的最大疆域、最多族群当作历史上的"中国"。这样，就似乎有一个自古以来一成不变的"大中国"。我觉得，历史学者回到历史中去的时候，还是要尊重那个时候的历史现实。如果回到历史中去，我们一定要想，该怎么去尊重那个时代汉族以外各个族群的自主和独立，然后才能通过历史过程，说明他们是怎样慢慢地融入当下这个"中国",使得"中国"的疆域和族群越来越大。

有关"何为中国"的研究领域,可以用五个关键词来概括:"疆域""族群""宗教""国家"以及"认同"。我清楚地知道,这些问题不仅我们关心,国际学界也关心,只有直面这些问题,才能和他们在共同话题上讨论,这是我们能做到的。否则,我们中国学术只能自个儿玩自个的,你写的文章没人看,你写的书人家不关心。"疆域和领土""族群和民族""国家和认同"这些问题,是世界上各个国家都有的,所以大家会一起关心。如果用个特别"土"的词来说,就是"接轨",你总得要"接轨",大家才能够有共同的平台、兴趣和话题,对不对?

问:回到中国的历史本身,有一句经常被提及的话是"崖山之后无中国"。作为一名历史学家,您怎么看待这个观点?

答:我认为"崖山之后无中国"这句话是不成立的。"中国"不仅是一个政治单位,也是一个文化概念和生活空间。所以,我一直同意这个看法:核心区域的汉族中国,实际上自秦汉以后一直绵延下来,无论汉族是不是统治民族,其制度、空间、文化,其同一性、认同感,以及其历史记忆始终还在。所以,不能说"崖山之后无中国"。"中国"是什么概念?你认为它是"王朝"还是"空间"?如果是前者,它确实不断地在变,可是几千年里哪一个王朝叫"中国"呢?这个叫秦,那个叫汉,叫唐、宋……如果是后者,它不是始终在那儿,人们不是始终在那儿生活、繁衍生息吗?当然也要强调,文化意义上的"中国"也是包容和杂糅的。我写过一篇论文,就是说古代中国文化始终处于各种族群文化以及外来文化不断"叠加"与"凝固"的过程之中，就像现在的汉族人，其实也吸纳了很多异族血脉一样。"中国"本身就是"杂"的、历史建构的。那么，"中国"怎么就会在一个王朝覆灭后就没了呢？这岂不是把"中国"和某个"王朝"画上等号了吗？

问：您怎么看待政治介入历史？

答：其实在全世界，历史跟政治联系得都非常紧密。为什么各个国家关于教科书的争论，焦点总是历史教科书，不是文学教科书？说明历史和政治确实有很大关联。我对于这种"贴近"有两个看法：一是我不太赞成历史与政治直接挂钩，有政治关怀是可以的，但是不能直接嫁接；二是希望历史表达的政治关怀，既有中国的也有世界的，要站在一个世界立场上。

比如说讲近代史，已故的罗荣渠先生把原来的"反帝、反封建"为主轴的近代史脉络，改为以"现代化"为主轴的近代史脉络。这就有他一定的意义，"反帝、反封建"有一个很重要的作用，就是"救亡"——"救亡"当然是近代中国屈辱历史的一个主轴，意义在于凝聚国人同仇敌忾的爱国心。从强调"现代化"的角度来看，它有刺激人们改变传统，走出"中世纪"的那一面，所以，这两面应该结合起来。我也觉得，当年罗荣渠提出现代化的近代史观打破了原来的传统说法，是非常有冲击力的。所以，对于历史的评价要是能够多元一些，效果会更好。

"在价值观上,我们正在变得越来越暧昧"

问:您曾说,我们还是要坚守一些常识。您怎么定义"常识"?为什么坚守常识在当下会变得困难?

答:也许很多人会认为,像民主、法治、自由、平等、人权这一类概念都很简单,从16、17、18世纪以来,大家都在往这个方向走。但简单的并不一定人人都有,不一定能成为常识或者共识。我一直不太赞成在《威斯特伐利亚和约》以后的国际秩序之外,另外搞一个国际秩序;我也不赞成在《独立宣言》和《人权宣言》之外,另外搞一套所谓"普世价值"。因为现在的这些规则和价值,不能说是"西方"的,其实是人类共有的。

问:您认为我们应该怎样表达我们的价值观?

答:我们一些学者似乎不太能接受一种简单明确的、不拖泥带水的价值和立场,往往希望把思想包装得非常复杂……变成了一些似乎非常玄妙的东西。其实我觉得,我们这个时代需要的是简明的、清晰的立场,有了这些立场,你的表达和思考才会变得有力量。我注意到,最近国内开始介绍像丸山真男这样一些日本学者的论述。丸山真男被日本称作"近代主义者"或者"自由主义者"。他的观念和立场几十年间一以贯之,他的立场很简明,所以他的论述也很清晰。可我们现在变得很暧昧,这一点我不太喜欢。

丸山真男的思想在日本一度非常有影响力,当然1996年他去世以后,有很多人试图超越他甚至批评他——批判的声音主要分为两种，一种是在他的基础上超越他和批判他，这其实是在他的"延长线"上；还有一种是用西方的"后现代""后殖民"理论——因为丸山真男是"现代主义"或者"近代主义"——来批判他，说他是保守的、近代西方中心的，或者说，他只是坚持一种简单的民主和自由价值观。这种批判就像我们现在从西方学了一些东西回来的某些人，用这种似乎是"最前沿"的东西来颠覆他的理论。

回到中国语境里，如果你同意，中国还在走向现代的"延长线"上，中国并没有走到后现代，仍然需要现代的普遍价值，那么，你就没有理由仅用时髦理论来颠覆它，而只能说这种理论或价值有什么不足。你可以在其"延长线"上修补，就像"全球化"是一个好趋向，"全球化"确实有很多问题，你可以修正它，但是你绝不能说，我们干脆不要全球化、反全球化或者逆全球化。这是我的一个简单的立场。也许有人看它很简单，甚至很"土"，就只有几句话，可是我还是觉得，我们需要在"五四"的延长线上，进行最基本的启蒙。

"中国皇帝的四种权力"

问：您在《中国思想史》里面提到一个重要概念"普遍皇权"。皇帝的权力过大，这个现象是中国独有的吗？

答：我觉得，传统中国的普遍皇权很典型。以前马克斯·韦伯（Max Weber）讨论过"支配的类型"；刚刚过世的林毓生先生与哈佛的史华慈讨论过中国的皇权，他们用了"universal kingship（普遍皇权）"一词，说传统中国皇权是三合一的，不仅拥有最高的政治权力，而且是宗教神权的代表，还是全部知识和真理的化身。我觉得，可能这还不够，还可以补充一点，传统中国皇帝代表了四种权力。皇帝还有一个权力叫"道德典范"，好像当了皇帝不光真理在握，而且道德超群，可以用这个高标准严要求的道德去规范一切。但这种皇帝制度的危险性恰恰也在这里，一旦"三缺一"就麻烦了。假如有人说"这是个坏皇帝，所以我造反有理"怎么办？古代中国把这叫作"汤武革命"，这是孟子说的。孟子认为，有坏的国君就可以打倒他，这具有正当性。所以，中国历史上不断地改朝换代，不断地革命，事后还都可以用这个理由来进行自我包装。

问：比较欧洲或近邻日本，为什么中国的"普遍皇权"会这么强大，一直没有形成能跟皇权对抗的势力？

答：这个话题太大了，只能讲一点。以日本为例吧。中世纪日本存在三个政治力量。一是"公家"，就是天皇朝廷；二是"武家"，就是幕府将军；三是"寺社"，就是寺庙和神社，是宗教权力。日本学者将这种三足鼎立的结构叫作"权门体制"，三个权门互相牵制。

在欧洲，权力分化也很明显。你看有多少书在讲"教皇和国王"之间争夺权力的故事？可是，这些在中国是没有的。老话说"百代皆行秦政法"，秦始皇确实奠定了后世中国的制度。首先就是绝对的普遍的皇权；其次是控制地方的郡县制；然后是一整套严密的法治手段。世界上其他一些地方，宗教势力很大，国王的力量有限，地方上还有军队。而古代中国的皇权加郡县制，在很大程度上，用西方学者的话讲，叫"去地方军事化"，再加上科举选拔官僚，中央委任官员管理地方，皇权就像毛细血管一样，渗透到地方社会。过去费正清讲中国"皇权不下县"，恐怕是不对的。再从思想史上讲，支持这种皇权很大的一个方面，就是"罢黜百家、独尊儒术"。"儒术"其实也不是儒术，而是儒法合一，是"霸王道杂之"，三纲六纪加上法律儒家化，强化了皇权的绝对性。这些都决定了中国的全部走向。尽管历史上有各种异动，比如东晋有过"王与马，共天下"，已故的田余庆先生就讲，这是贵族和皇帝共享权力，但只是中国历史上的变态，常态还是皇权主导。所以，我想在这一点上，传统中国的政治文化，应该是世界上少有的典型。

顺便我想提一个有关话题，西方学者福山总强调从秦统一以来，古代中国的国家治理能力就很强。但我们一定要注意，必须区分"国家治理能力"和"国家控制能力"。从控制能力来讲，确实古代中国非常强大，但是因为没有法制、没有民主，所以不能说是"国家治理能力"。

问：在这种对后世影响深远的"普遍皇权"政治框架里，知识分子阶层是否也从来没有获得过实际意义上的独立性？

答：我只能非常简单地说，确实如此。因为在古代中国，有三条绳索捆着知识分子。第一，上升的渠道都在帝国皇权的控制之下，你想出人头地获得地位必须得走这条路；第二，从小的学习和考试一直是在儒家经典人文知识和儒法合一的意识形态影响之下，所以知识分子无形中已经被灌输了这种思想；第三，那个时候没有形成哈贝马斯讲的"公共领域"，没有受到法律保护的言论自由场域。

问:"士人与皇帝共治"的局面,只是一种想象吗?

答:那只是理想化的想象。……从根本上来说,还是皇权在控制着。所以,知识分子在中国早就是这样的一个状态,宋朝的政治环境已经很好了,后来越来越糟糕。到明朝,士大夫就觉得没有希望"得君行道",只好去"觉民行道"了。

问:从另一个角度讲,成为"帝王师",还是很多知识分子的最高理想,是不是儒家的"立功、立德、立言"的思想也有影响?

答:儒家本来是有理想主义的,我不否认这一点,问题是历史上儒家一旦从政就落入尘埃,在政治中总是采取实用主义的立场,从汉代的叔孙通、公孙弘就开始了。很多所谓儒家学者,讲着讲着就变成了政治参谋或政策顾问的样子,总想为"帝王用",其实并不是"帝王师"。所以,我对一些所谓"政治儒家"很不赞成,宁可向在海外的"新儒家"致敬,毕竟他们的论说还是限制在学术框架里的,我尊重他们的想法,因为他们只是在精神文化的层面去讲历史上的儒学。

纵论中国思想

问:您写了三卷本的《中国思想史》。在此之前,李泽厚先生出版过古代、近代、现代三种"中国思想史论",您可以谈一下两者的异同吗?

答:李泽厚先生的"中国思想史论"是以"论"为主,我的《中国思想史》则以"史"为主。这里有一些差异。比如，李泽厚先生是哲学系出身的，他的基础是哲学，而我是文献专业出身的，更偏重于文献和历史。所以，也许在我的书里史料和历史是比较全的，李泽厚先生的书因是"论"，所以不必考虑面面俱到，表达的观点更重要。再比如，李先生是先写的《中国近代思想史论》，实际上是从近代回溯过去的，因为他在"文化大革命"之前就研究过康有为、章太炎、谭嗣同等人，所以，他根据对近代的理解，回溯古代思想史；而我相对熟悉古代，是从古代到近代的写作顺序。应该说，李泽厚先生的书反映了20世纪80年代改革开放以后，需要"启蒙"的内容风格。在《中国近代思想史论》之后，他接着推出了《中国古代思想史论》和《中国现代思想史论》。这三本书在当时起了很大的作用、产生了很大的影响——不是我们现在能够想象得到的。而我是在20世纪90年代写的《中国思想史》，那时候的社会背景和学界氛围已经不一样了，关于思想史的问题意识、写作方式以及历史脉络，都有了变化。

20世纪八九十年代，写思想史为什么有相同也有不同？记得李先生有一段话说，90年代"思想家落地，学问家上天"。我想，李先生有一个误解，认为我们后来强调学术规范和史料来源等，好像是往"学问家"的方向走。其实，学术需要从虚转实，重视史料、规范和严谨，这只是一方面；另一方面，80年代和90年代还是一脉相承的，90年代谈学术，其实，大多仍是借学术谈思想，很多思想包含在学术里。那个时候，为什么大家谈胡适、谈陈寅恪、谈王国维？其实还不是在谈思想和精神吗？比如陈寅恪，很多人也不知道他研究的是什么，但是都记得他的"自由之思想，独立之精神"；比如王国维，大家也几乎不懂他研究的殷商史、古文字、辽金史，我们只记得他往湖里那一跳；再比如胡适，又有多少人看过他的小说考证、禅宗历史、他所藏各版本的《水经注》？其实大家都只是记得胡适的"自由主义"……所以，李泽厚先生误解了。但是，他确实也讲到了一点，90年代的规范性和学术性追求更厉害了。

问：您在《中国思想史》里纵论中国社会几千年的思想嬗变，比如您讲到佛教七八世纪在唐朝走向兴盛。但佛教教义的表达和讨论只停留在贵族和上层社会，而且偏纯粹抽象、充满哲理性的分析理论，由此变成一个"少数人的游戏"，或一场智力表演。随后禅宗兴起。禅门对理论的蔑视，"对佛教理解的明快直接和对于心灵拯救的紧密关注，就比讲论经疏更吸引信仰者的兴趣"——用今天的话来说，它做了很多"消解性"的工作。那种理论兴趣的衰退是否阻碍了古代中国人对抽象世界的把握能力和哲理语言的创造能力，以致丧失了走向纯粹哲学的可能性？

答：我很难去讨论一个没有出现过的历史现象：禅宗是不是真的阻碍了中国走向纯粹哲学的路？这只是一个假设或者推测。

但是，我们不妨从其他一些角度来看待这个问题。佛教在中国的"本土化"，实际上最大的因素是政治环境和社会因素，包括后来禅宗的走向，也受到它的影响。5世纪初发生过一场争论，就是"沙门不敬王者论"。对这个话题的讨论持续了两百多年，一直延续到7世纪，最终的结果是宗教必须服从于政治。这是佛教在传统中国演化的一个大背景，它决定了中国跟欧洲不一样：欧洲是教权与王权对峙和互相牵制，但中国是佛教必须在皇权控制之下。

传统中国皇权要求宗教服从政治，它带来一个后果：佛教不再是超越世俗社会之外，而是在世俗社会之内。可是，在世俗社会之内，传统中国的"善恶是非"基本上是由儒家规定的，也是由皇权确认的，所以佛教说"诸善奉行，诸恶莫作"，但什么是"善"和"恶"，这个价值不是它的而是儒家的。所以，佛教只能一方面作为人生理想意义上的"方外"，另一方面作为社会道德意义上的"辅助"。佛寺之内是一个出世的地方，但出了佛门都必须服从官府。其实，即使是在佛寺内，也还是在皇权控制之下。比如，据《魏书释老志》记载，从北魏开始，僧统都是由皇帝任命的，而且僧统是有品级的，皇帝说几品就是几品。所以，在皇权压力之下，传统中国的佛教必须本土化。如果我记得不错，明朝的僧道领袖品级很低。佛教的最高领袖和道教的最高领袖，一般也就是三品吧。

回到刚才那个问题。我觉得，禅宗大概率不可能像欧洲基督教那样，在修道院发展出独立的经院哲学。这里原因很多，长话短说，我认为晚唐五代禅宗发生了转向，这一转向包含三个方面：首先是把佛教思想传授文学化。由此带来了第二个问题，由于其"文学化"，以精致的诗歌、玄妙的话头和经典的公案来启发人们的觉悟，因此吸引的也必然是知识分子或上层精英，也就是少数人。第三个问题是，这些士大夫只是业余的，而不是职业的禅师，职业的只是少数僧侣。信仰禅宗的士大夫只是把它当作业余兴趣，因此禅宗在中国代表了宗教的转向，不是向哲学化转向，而是向文学化转向。我们现在看，禅宗语录都是非常漂亮机智的文学表达，像诗歌一样优美，或者是暗含机锋的智慧。

研究禅宗的人，尤其是日本学者，始终在努力地提升其哲理和意义。比如日本的铃木大拙，他给西方人讲禅宗讲得妙得不得了，超越语言、超越二元对立的逻辑、沉潜进入"无"的境界。总之，禅宗是拯救西方理性的东方智慧。他讲赵州和尚的"庭前柏树子"，"老衲一领青衫重三斤"，究竟是什么意思？也许本来什么意思也没有，可是因为听众是士大夫，他们开始想不通，就一直想，在心中原先预存的禅门知识中找，最终自己想通了，就说这是"顿悟"了。这就合了禅机了——你好像是在外找到的，其实是你自己心里原有的。因此你可以看到禅宗：第一，它提倡超越，而不是跟世俗对抗；第二，它不追求缜密逻辑的哲学，重视机智巧思的文学；第三，它更不是向下层社会渗透的严密宗教组织。其实，中国的佛教和禅宗逐渐衰落，也跟这些有关。

日本佛教虽然是从朝鲜、中国传过去的，但自从镰仓时代以后，新佛教的改变非常大，它一方面向下跟世俗社会联系，一方面向上跟政治权力联系。比如，日本佛教有一个制度是中国所没有的——檀家制度。檀家制度是什么？就是地方上的贵族和百姓都寄籍在一个寺庙，都是这个寺庙的信众，也要供养这个寺庙。人死了以后，都由他所属的寺庙来处理丧事。日本还有一个宗教现象，也是中国佛教道教没有的，中国的佛教道教还守着各自的清晰边界，而日本神道跟佛教混成一团，叫"神佛习合"，这种"神佛习合"的宗教影响很大。特别是，在日本历史上，很多住持方丈院主是来自天皇家族或最高等级的贵族，这些人进入寺庙，等于将寺庙变成一个有权力的机构，这与中国佛教标榜"出世""方外"的传统很不一样。中国佛教信仰的社会功能，主要还是儒家法家伦理的辅助者。由于佛教有鬼神，有天堂地狱，有因果报应，所以可以帮助儒家政治和社会伦理的实现。我们的佛教跟日本的之间，差别太大了。

问：在中国思想史里面，禅宗是很重要的一部分。您也专门研究过禅宗并出版过专著。您当初为什么会对禅宗感兴趣？您怎么看待当下的禅宗研究？

答：对禅宗的研究，最开始我是为了"好玩"。因为我在大学学古典文献，校书、看书很闷，而禅宗的书"好玩"，于是，就开始对禅宗尤其是禅宗史有兴趣。特别是20世纪80年代的"文化热"，人们当时有一个共同希望，就是希望借着各种各样与主流不同的古代文化传统，来表达某种对破除禁锢、文化开放的愿望，以走出封闭的思想世界。我当时最初写的是禅宗和文学那一部分，后来在庞朴先生和朱维铮先生的鼓动下，变成了一本讲禅宗与中国文化的书。但我对那本书并不满意，因为是初学，所以也有不少妄说，而且时代气息很浓。到了20世纪90年代，我重新写了一本《中国禅思想史》。没想到的是，原来那本《禅宗与中国文化》的影响那么大，居然印了将近十万册，还被翻译成外文。

现在，对禅宗的研究已经发展得很快了，但是，我觉得中国学者还是应当强调对历史和文献的研究。我最近写了一篇文章，就讲我们研究禅宗史仍然是在胡适的"延长线"上。我的意思是说，不要把禅宗研究特别是禅宗史的研究变成各种时髦的理论的实验场，一些海外学者，比如伯兰特·佛尔（Bernard Faure），还有已故的马克瑞（John R. McRae），他们引入了很多后现代理论来研究禅宗，虽然也有洞见，但是也有不见。之后有一批学者跟着他们的路走。我觉得，反而是日本的一些学者比较守得住传统，坚持在文献、历史和语言的领域继续发掘开拓。

在我看来，中国的禅宗史研究仍然以历史和文献的方式，发挥中国学者的特长。并不是说胡适的路已经走不通了，恰恰相反，有时候你很惊讶，胡适的很"现代"的历史学和文献学研究的结果，恰好暗合了所谓"后现代"。比如，他说禅宗历史叙述是攀龙附凤的，是宋朝建构起来的，其实，这跟"后现代"研究的结论很像。进入21世纪，有两部美国学者的禅宗史研究著作——《禅何以为禅》(How Zen Became Zen)和《养育你的父亲》(Fathering your Father)，理论很新，但结论依旧，在禅宗历史问题上，并没有超出胡适的说法。所以，我们为什么不可以在胡适的"延长线"上继续走呢？

对禅宗史的研究，我现在还是有兴趣，但是因为年纪大了，精力不够，所以现在没有能力再做关于它的新研究。

问：您在《中国思想史》里分析王阳明的心学时，提到他否定"心"之为二，把"人心""道心"合二为一，强调世俗之心与超越之心的合一，实际上也是为了把拯救的权力从外在的戒律约束、外在的艰苦修行、外在的理性分析，转移到内在的自我启发和觉悟上来——这一点是否与马丁·路德在新教改革时提出的"因信称义"有某种相似之处？

答：学界也有人这么说。有的人把马丁·路德"因信称义"的说法与禅宗联系在一起，因为禅宗也有"我心就是佛心"这个说法。而王阳明与禅宗在思想上有很深的关系，确实有这样的可比性。但问题是，命题相似，并不意味着实质相似——就像一个老人说"今天天气真冷"与一个小孩说"今天天气真冷"，其经验、记忆和含义是不一样的。它们背后的社会制度和政治环境的不同，决定了这两个命题不全是一回事。尽管王阳明和马丁·路德的说法在形式上有相似的地方,但语境是不同的。马丁·路德的命题,面对的是铺天盖地的神权,他相当于把传统的基督教打开了一个口子,不再由别人来决定他们的理解正确与否。可是在王阳明的时代,他面对的是皇权控制的局面,皇权是政治权力而不是宗教权力,所以,虽然王阳明也有鼓动人走向自由和开放心灵的一面,但毕竟他还是处在儒家政治的基本框架之内。

我们还要看到一点,王阳明提出"我心就是宇宙"的说法,实际上跟他的经历有关系。传说王阳明是明朝第一个被"去衣廷杖"——被明武宗剥了裤子打屁股——的人,这种屈辱和流放到贵州的经历是他思想发生转变的一个很大的动力,就是把士大夫原来指望依靠皇帝来改革,即"得君行道",变成启迪民众自我觉悟,也就是"觉民行道"。强调"自心"、"本性"还有"良知",是其思想很重要的方面。可是,强调"良知"的思想,又跟他的"事功"有关系。王阳明的两大"事功",一是打败了江西的诸侯王,二是在广西打败了农民军,都是很重要的。这两件事让他认为,天下秩序的安定除了帝王力量控制,还要民众自觉维护,而民众怎样才能自觉遵守伦理,维护秩序?还是要启发"良知"。所以,说来说去他的良知还是在儒家伦理之内的。王阳明虽然打破了思想上的旧规范,比如程朱理学、格物致知,但是他并没有打破政治上的旧规范。从王阳明生命的最后阶段可以看出,他其实很小心翼翼。

王阳明的后学,比如王艮、李贽、何心隐一直到黄宗羲,看上去狂飙突进,好像有形似西方宗教改革和启蒙运动的一面,但我个人总觉得他们是传统的尾巴,而不是近代的开始。而马丁·路德不一样,他因为直接面对教皇的神权,撕开了一个口子,打开了一个新世界。

他巨大的冲击力和影响力，刚好跟世俗王权要争取独立的意识连在一起，影响就深远多了。

"启蒙仍未完成"

问：回看五四运动，当年那些知识分子讨论的一个话题是传统文化和现代价值的关系，譬如说，哪些是我们应该抛弃的、哪些是我们应该吸纳的；但是好像一百年后，我们还在这里"翻烙饼"。我们看一百年前五四运动时期一些人写的文章，会有一个感受：当年那些知识分子，包括鲁迅、胡适等，他们对人性的批判、对中国历史的批判，用在当下，一点都不为过。我们怎么回头看五四运动时期的人对中国传统文化的论辩呢？

答：关于五四运动，我个人以为，有以下几点是要进一步说明的。

第一点，五四运动一开始并不完全是新文化运动。"二十一条"直接刺激了五四运动，因此其主流实际上是通常所说的"爱国主义"运动或李泽厚讲的"救亡"运动。"救亡"是很容易一下子成为运动的，然而"启蒙"是理性慢慢被开发的过程，要通过教育，它不容易变成一个运动。所以实际上，五四运动是"救亡"的运动，碰上了"启蒙"的思潮，然后顺带把"启蒙"的思潮抬到了重要的位置。后世过多地强调五四运动新文化"启蒙"的那一面，但实际上我觉得"启蒙"没有完成。2019年在纪念五四运动一百周年时，我发表过评论，以前舒衡哲（Vera Schwarcz）和李泽厚都说过，五四运动有两个主旋律：救亡和启蒙，但救亡压倒了启蒙。在我看来，晚清、民初以来，救亡始终是中国的主旋律，而启蒙始终没能成为与救亡相提并论的方向。所以，现在仍然需要启蒙。这话说起来"卑之无甚高论"，但实际上就是这么一个简单的道理。

第二点，五四运动前后的知识分子对传统、历史和文化有很多讨论，一直延续到现在。人要完全隔断传统、抛弃传统是很难的，对传统的依恋是一种很自然的感情，尤其是一个民族要崛起，总觉得要恢复一种自豪感，而自豪感从哪儿来呢？很大程度上就来自传统。在五四运动时期，对传统直接批判和全面抛弃的声音其实并没有那么大。那么，这些声音的作用是什么？是"矫枉过正"，在当时将问题讲到极端，以唤醒人们对传统的一种警觉。但是，那个时代因为对传统和历史的分析还不深入，所以，实际上这种批判并不非常有效。我以前一直讲，吴虞也好、陈独秀也好，如果从历史角度讲，符合他们所讲的"传统"标准的，只有明初洪武、永乐那一段。整个中国的传统中，什么是最重要的、什么是最深层的？在五四运动时期，那一代的知识人对此也没有特别清楚、明确的分析。这是因为那时的批判不是从历史中理性地分析得来的，而是从当时的现实危机中受到刺激，然后反过来去找假想敌来抨击的。捍卫传统的人和批判传统的人，价值观相反，思路却是一回事：要改变现状，就要批判传统；我要维护自尊，就要捍卫传统。要批就猛批，不批就猛夸，双方是一个逻辑。

第三点，一百年来，我们仍然在不断地重复五四运动时期的争论，这并不是没有意义的。因为就像福柯所说，现实的情势让我们不得不

"一再回到出发点"。一方面是因为我们的社会状况、文化思想等仍然在传统的"延长线"上，跟五四运动时期相比变化不大；另外一方面，我觉得现在……总是强调"救亡"的一面，而淡化"启蒙"的一面，所以知识人总是处在"启蒙"被"救亡"压倒的焦虑中，不断地要强调五四运动之后被压抑的启蒙主义思潮。

因此，关于五四运动的话题总是有现实意义的。

问：这几年国外学者对中国的研究非常活跃。他们研究的框架和视角经常有非常独到之处。从学术角度来评价，有哪些值得我们关注的地方呢？

答：我以前讲过一句话，常常被人误解，就是"海外中国学本质上是外国学"，好像我是批评或者否定海外中国学似的。这句话被媒体拿来当标题，也许是因为吸引眼球？但我还是觉得，这句话有它的道理。外国学者研究中国背后的问题意识，实际上往往是外国的，他们看待中国的潜在参照系，也是他们自身的文化、政治、经济和法律。比如，哈佛大学教授宇文所安在研究中国诗的时候，最了不起的地方，也是他的特色，就在于他背后的西方语言诗歌传统，凭借它，他才能看出古典中国诗歌与它们的不一样。由此产生的问题是，我们很多人觉得，"他读中文有困难，他根本不懂中国诗"。其实，他不是不懂，而是他跟我们的观察、理解和体验不一样，因此才会另有解读。我们理解海外中国学，恰恰要重视它背后的外国背景、外国知识和外国文化。不看这一点，就不能理解它的文化背景和学术意义。很多人以为我说"海外中国学本质上是外国学"，是在说他们根本没有资格研究中国，根本不懂中国；恰恰相反，我说的是表扬的话，只是提醒人们应当换位理解。

确实要看到，我们研究的"中国"和他们研究的"中国"可能是不一样的，所以，我们要从那里学习怎么从另一个角度去观察中国。这几年，海外中国学的书很受欢迎。我举两个通史的例子，一个是《讲谈社·中国的历史》，坦率地说，我并不认为中国学者写不出来，但是，为什么他们写的受欢迎？这里的道理值得中国学者认真思考。另一个是《哈佛中国史》，中文版序言是我写的。我写的序并不是完全赞扬的话，里面也有批评，但是我要赞扬的是，他们用了另外一种角度、另外一种眼光，不受任何约束。中国学者写史，尤其是写概括性的大历史，总要四平八稳、面面俱到，可他们（国外学者）按照自己的理解来讲就好了，所以书不仅好看，而且有特色。

最近有一个现象特别明显，就是每年年终各种"好书"榜单上，译著占了大多数。是我们自己写不出来吗？是我们研究中国的就不行吗？不是的，其实是因为我们有太多约束，所以写不好。当然也有我们历史学者自身的传统问题，我当年写《想象异域：读李朝朝鲜汉文燕行文献札记》时，本来想尝试以史景迁的方式来写故事的，可是（改不掉）自己的习惯，也就是学院的习惯，就越写越严肃，密密麻麻地加注脚，獭祭鱼似的列证据，按照逻辑列段落，最后写出来不好看也不生动。在这一点上，海外中国学的著作很多是值得学习的。

问：讲到人类认同的共同价值，儒家文化或者中国传统文化里有没有这些价值元素呢？比如个体的自由和尊严，这是现代被普遍认知的价值，传统文化里有没有类似的观念或表达？

答：如果寻章摘句，从中挑出只字片语的话，我们可以摘出很多金句来，比如说有"民本"思想，有"君为轻，民为重，社稷次之"这样的话，但是我们要看整体。儒家的整体是什么？其基本价值观的基础是人在社会结构中的位置——它不是一个独立出来的"人"，而是一个在社会结构里面的"人"。传统中国社会结构是古代家庭、家族、家国共同体，儒家伦理的基础是建立在家庭、家族、家国关系之上的，可是这个家国要建立秩序，一定是有等级区别的，不然就乱了。比如，五服制度里有最亲的、有疏远的、有更疏远的……要等级有差，要"上下有序，内外有别"。所以，它最初的社会基础和观念的实质就决定了人不可能是平等的，也不可能是独立的。在这种制度的安排下，个体不可能获得自由——我们并不是说"绝对自由"，"绝对自由"最后就变成了庄子——它是在一个相对的等级的社会结构里评价个体的价值，与我们现在讲的普世价值是两回事。

之前，很多学者非常好意地建议传统要"创造性转化"，包括林毓生先生、张灏先生等，他们对传统都有温情和敬意……但总的来说，我认为，试图依靠儒家来推出现代价值、重建现代制度，不仅很困难，而且弄不好就会变成抵抗现代价值和制度的理由。

问：我们回头看历史，经常会有很多感慨。比如清朝乾隆皇帝和美国总统华盛顿都于1799年去世，但感觉一个属于古代社会，另一个属于现代社会；又比如18世纪，狄德罗等启蒙思想家已经在倡导理性主义，可反观中国，还笼罩在密不透风的皇权之下，好像被历史的车轮越甩越远。

答：历史的事件都不是孤立的。你也许可以把一个单独的历史事件归类为古代、近代、现代，但横向来看，"没有对比，就没有认知"。我是做中国史的,但我也特别强调全球史,因为如果把多个事件放在一起来看,就会发现这里面确实存在问题。比如,清朝的康熙皇帝与俄罗斯的彼得大帝是同时代人、清朝的光绪皇帝和日本明治天皇是同时代人,如果我们对比这一时代的政治人物写的文字,就会有一种强烈的感觉:一个是在"静如止水"之中,一个是被"大潮起伏"激荡,反差感太过强烈。

过去,学界有一场大辩论,就是围绕费正清的"冲击－回应"理论。很多人反对费正清的观点,认为它是陈旧的,他的学生柯文写的《在中国发现历史》一书就是为了颠覆费正清的学说。柯文提出"中国中心观",也就是要在中国内部寻找现代的因素,然后看它是如何发展出来的。我们如果简要地把这两个学说解释一下,就是一个强调外因,一个强调内因。在我看来,在东亚或中国近代历史上,强调外因的道理,恐怕要比强调内因的大,虽然它很陈旧,但是陈旧的理论不一定就是不好的理论,因为它能够最大限度地解释历史资料,而且我们只要做一个小小的修订,这个理论就能够焕发出新生命。什么修订呢?就是在"冲击－回应"之外,加上一个"对冲击的回应,各有不同"。为什么?这是因为各个国家内部有不同的国情、文化土壤和政治制度,所以反应就不一样。为什么一个"黑船来航"会让日本开国,大致上同时代发生在中国的"第二次鸦片战争",却不是开国?这当然与国家内部的政治、制度和文化状况有关系。加上这个因素,"冲击－回应"理论就比较完满,把外因和内因都考虑到了,不再是简单的"一个冲击"加"一个回应",而是"一个冲击,多个回应",多个回应就会迫使你去关注其内部差异。所以,我从来不觉得《在中国发现历史》是在颠覆费正清,还不如说是修补费正清。

仍处在晚清、民国学术的延长线上

问：几年前，社会上曾流行一阵"民国热"，对胡适、陈寅恪等民国时期学者的研究成了显学。后来又有一波否定的思潮，认为他们的学术价值含金量并不高。我们应该怎么看待他们的学术成就？或者说他们的学术水平能不能使其成为大师？

答：我把晚清、民国看成一个转型时代，民国学术之所以值得尊敬，或者说值得看重，是因为我们至今还在从晚清到民国的学术延长线上。其实，并不是说晚清、民国的那些学者就了不起，而是因为他们所处的时代。因为晚清、民国在学术史上刚好是传统向现代转化的转折时期。站在大转折时期，学术一下子就站在了前沿，这是学术转型期决定的。

我曾经说过，从历史上看，那个时代的学术有以下四大变化。

第一，历史变短了。学者不再是简单地讲五千年、三皇五帝到如今，而是把神话和传说从历史中驱逐出去，缩短传说历史的古老性和神圣性。这一方面是所谓学术现代化的一个表现，另一方面也是政治革命性的需要，是当时重建历史、重塑现代中国的途径。这一趋势在当时的日本和朝鲜同样存在。

第二，空间变大了。那时候人们不再只是关心汉族中国，而是关注周边，因此空间被放大。比如敦煌，为什么它的发现很重要？是因为它关系到敦煌所面向的西域、中亚一带……很多学问都是在那个时候更新的。

第三，史料变多了。正巧是在那个时代，最重要的"几大发现"——殷墟甲骨卜辞、敦煌文书、内阁档案、居延汉简——都开始发酵，所以学术界很快就有了崭新的面貌。同时也因为观念的变化，很多史料都被纳入历史学视野。以前主要是《二十四史》《资治通鉴》《十通》，当时则如同梁启超所讲，不再仅仅是帝王将相的历史，王麻子剪刀铺的账本都成为史料了。此外，不仅是汉文资料，其他文字的史料也进入了人们的视野。

第四，问题复杂了。原来的历史是王朝不断更替，而这时候有了进化论、经济史观、唯物史观和各种各样的主义，那么，看历史的角度、立场、价值就变了，问题就复杂了。

总而言之，这四个因素决定了传统学术在晚清、民国时期发生了重大转变。人是有运气的，学者也一样。站在大转折关头，向前迈出一步，就等于站在时代的前头。就像陈寅恪讲的，学术要"预流"，即与国际学界拥有共同话题，能够进行交流、对话与竞争，就"入流"了。晚清、民国的学术，其实就是从传统走到现代，而我们到现在还是在走向现代的路程上，还没有到抛开现代走到后现代学术的阶段。在这个意义上，我觉得还是要肯定晚清、民国学术的重要性。

确实晚清、民国出了很多大师，这很了不起。他们的很多观念、方法和成果，我们现在还在用。比如说，中古史仍然在陈寅恪的延长线上；上古史的"两重证据法"也还是在王国维的延长线上；包括我现在做的禅宗史研究，现在还在胡适的延长线上。你不能说你比他们做得多、你比他们出版得多、你做得比他们更细，你就比他们强，因为你没有推动学术转型，而他们推动了学术转型，所以，晚清、民国的学术还是值得尊敬的。

问：这几年，学界关于夏朝是否存在的问题有激烈的辩论。在辩论中，很多人拿出顾颉刚先生的《古史辨》作为参照。也有人提出，现在应该走出顾先生"疑古时代"而应"信古"。您怎么看待围绕着"夏"产生的这些争论？

答：在夏朝是否存在的问题上，我基本赞同考古学家许宏的观点。我并不反对夏朝存在这个说法，但在没有直接证据之前，我宁可用一个括号，把它搁置起来。我认为，《古史辨》非常了不起。我刚才讲晚清、民国时期学术的四大变化，第一个变化就是把神话传说从历史中驱逐出去。20世纪30年代中期，民国政府曾经想在编历史教科书时把三皇五帝拉进来。陈寅恪先生看起来是个很传统的学者，但是他也说这可不行，这样一来把我们民国仅有的一点学术成果都抹掉了。我们不需要为了某种民族自豪感而无端把历史拉长。我也不反对认为夏朝存在的说法，你可以肯定夏朝存在，但这只是一种说法，因为到目前为止，没有直接证据证明夏朝的存在。这就像法律上的"无罪推定"和"有罪推定"：如果没有证据能证明它是"夏"，那么，我们就先把它搁在一边；如果没有证据证明"夏"不存在，所以你就相信古文献里的夏朝存在，这也是可以的，对吧？

这就涉及一个方法论的话题。近年来，出土的遗址、文物和简帛越来越多，我们的习惯是把所有的出土遗址、文物和简帛都安放在古代传世文献的坐标和框架下解释，这当然没问题。可是我总在琢磨，有没有一种可能，先把古文献提供的坐标和框架搁一边，而是先用考古和出土文献来重新搭建一个历史叙述框架，尤其是早期历史？之所以这样，是因为我们现在的传世文献，以《史记》为例，不仅有一个完美的历史系谱，也就是黄帝以下三代有一个想象的大一统叙事，不仅把汉族中国构成一个历史，甚至连匈奴、百越、朝鲜，也说"其先出于颛顼""其先出于蚩尤"，都是有血缘的亲兄弟，那就变成了同气连枝的一个共同系谱。历史并不一定真是这样。我认为，这种想法是好的，是在汉代大一统时代进行的想象——把天下想象成一个共同体，但问题是，历史上它们是不是有关系、是不是天然就是大一统？

因此我认为，最好把关于"夏"的问题悬置起来，我想许宏或许也是抱着这个看法，他也不是一定说夏朝不存在。这还涉及国外学界和中国学界的习惯问题，欧美学者往往都不谈"夏"，因为他们依据的方法论对古文献总是有怀疑的，没有考古证据（那个时代的直接证据），就先搁在一边。而中国学界呢，也许和民众一样，希望确立历史悠久，增强民族自豪感，所以，我们总是希望"有"夏朝，然后再找证据来证实它。

"摇篮曲与盛世危言"

问：冯友兰先生曾经说过这样一段话："说西方侵略东方，这样说并不准确。事实上，正是现代侵略中世纪。要生存在现代世界里，中国就必须现代化。"您同意这个观点吗？它是否还可以解释我们当下遇到的一些问题？我们现在遇到的很多问题中，哪些是所谓的中国与西方的矛盾，哪些又属于传统与现代的矛盾？

答：虽然冯友兰先生有些观点，我不太赞成，但是他的这句话，我觉得大体上没错。

如果说传统时代还有欧洲、阿拉伯、东亚，还有环东海南海、环地中海这样一些差异性的、并立的历史世界，那么15世纪大航海以后，世界的几个部分，也就是亚洲、欧洲、美洲和非洲，都在一起了，在全球互相融合与竞争的背景下，不得不进行经济、制度、文化的比赛。比赛就要用统一规则，所以这个时代的人们不能不看到，尽管近代的经济、文明、制度从欧洲开始，但在近代只能在这个规则下比赛，不跟上不行。这当然是现代和传统的差异，不仅是东方和西方的差异。特别是如果我们承认人类有共同价值、共同道路和共同前景的话，还是应该承认冯友兰的这句话，因为在坚持东方、西方这样的概念时，你就会把它绝对化，就不能接受别人的东西。二战时，日本人就是这么说的，"要把大东亚从欧美手中解放出来""要用东亚文化之光来照亮暗黑的西方"。事实上，现在生活中有多少近代的和西方的东西？你用手机的时候，想过那是西方的应该扔掉吗？要么，我们反过来问，我们能给世界提供什么，让他们也接受？让他们也说，我们给了他们一个"东方的"好东西？我们不得不承认，近代以来是西潮东渐，不是东风西吹。晚清、民国时代，中国有一个说法，说他们提供给我们物质，我们提供给他们精神，这有点儿自欺欺人。

问：在当下，有没有您个人的一种价值选择，也就是说，您对自己的要求是什么？

答：我已经多次说过：第一，我是学历史的，换言之是研究历史的人；历史学者的作用是诊断病源，但是我们没有开刀动手术和开药方的本事，这些都是属于政治家的。我们的责任只在于守住历史学的边界。所以，我定位自己是一个学院学者……始终不太愿意过分地把腿迈出学术边界，这就是我对自己的定位。

当然，这并不意味着历史与现实一点关系都没有。如果这样的话，历史就是个死历史。我们希望过去的历史告诉自己的，是一个我们生活在其中的故事。一方面，历史要让你安心，让你觉得你和很多人是一个群体，共享历史和文化；另一方面，我想历史也要让你处在不安定、不熟悉、有危机感的状态里，它告诉你前面有可能出现的事情，也许你想都想不到。

后　记

这本书收录的是我近些年所作的学者访谈集。其中傅高义与葛兆光两篇，是我在《三联生活周刊》工作期间所做的采访；其余几篇则是我2021年赴加州大学圣地亚哥分校（University of California, San Diego，UCSD）访学期间对一批美国的中国学研究者的访谈。

我与董曦阳相识多年，眼见他从当年出版界的"少壮派"变成了资深出版人。合作出书是我们之间散淡的"君子之约"。十几年来，曦阳期待与我合作的选题换了若干个，我一方面感激他的错爱，另一方面也着实为长期未能兑付的"稿债"而内疚。曦阳一直对我写作的人物报道感兴趣。在他的提议下，我把这些年所作的一些人物报道分成三辑出版，这本是第一辑，后续两本（艺术与文学专辑）也会陆续推出。

这本书最初收录的文章都来自一手采访。但是在看完初稿之后，曦阳建议补加一篇关于费正清先生的文章。因为书中所采访的几位外国学者，无论是傅高义、周锡瑞和柯文，还是裴宜理、伊沛霞，他们最终走上中国研究的道路，都与这位在美国开创了中国学研究的学术大擘有着直接或间接的关系。所以，我便基于资料补了一篇费正清先生的文章，虽然体例略有不同，但也许对读者更全面地了解第二次世

后　记

界大战之后中国学在美国兴起的背景有所帮助。

我作为记者工作二十余年，虽然也发表过一些作品，但对学者的专访并不是常态。尽管在每一次采访前，我都会花大量时间埋头苦"啃"，希冀在有限时间内穷尽每位受访者的学术作品，以形成有质量的对话。但我又深知，无论做多少功课，对这些几乎以一生的时间深耕细作于某一学术领域的学者而言，我的认知也只是管中窥豹、略及皮毛而已。这本书中的每位受访者几乎是代表这个领域最高水准的学界大家和学术精英，如何令他们对其最精华的思想观点做充分的表达，同时又兼顾大众的兴趣与关切，对我着实是一大考验。坦率地说，这种惶恐和焦虑之感，贯穿于对每一位学者的访谈和写作的全过程。然而拓宽知识的疆域，沐浴在纯粹的专业精神和深邃的思想光芒之下，确是一种妙不可言的体会，所以每一次访谈又伴随着极大的精神愉悦。

在此由衷地感谢每一位接受我访谈的学者。无论他们在学术领域有着多么高的地位和成就，都始终保持着谦和与包容。虚怀若谷是在学术巨匠身上常见的风范，但我也深切地感受到，本书中的学者们显然都有一些共同的关切——他们都非常重视将艰深的学术成果传播给大众，愿意不厌其烦地向社会公众阐释自己的研究和推介学术共识；与此同时，他们似乎都忧心于近年国与国间的歧见与隔阂的日渐加深，愿意以一己之力促进交流和加深理解。

感谢葛兆光老师慨然应允为本书写序。作序前，葛老师非常认真地阅读了每一篇文稿，并提出了不少意见。当我向葛老师坦承我的不安时，葛老师鼓励我说："采访者并不一定是专家——假定你去采访陈景润，就非得懂哥德巴赫猜想吗？——但一定是具有同理心和同情心的人。学者访谈不仅是探讨学术，更应呈现学者研究学术的动机和感受。"

感谢加州大学圣地亚哥分校（UCSD）21世纪中国研究中心。这里不仅是研究中国的重镇，也是中美交流的重要平台。中心一方面为我提供了种种便利的条件，同时又给了我极大的研究自由。

最后，把最深的谢意送给"山水澄明文化公司"及陆峰先生。在我的人生发生变化的重要时刻，来自他们坚定而毫无保留的支持，对我别有意义。

李　菁

参考书目

费正清.费正清中国回忆录.北京：中信出版社，2013.

马勇.明夷：新史学的重建与开新.海口：海南出版社，2022.

傅高义.邓小平时代.北京：生活·读书·新知三联书店，2013.

李怀宇.许倬云谈话录.桂林：广西师范大学出版社，2010.

陈永发等.家事、国事、天下事——许倬云先生一生回顾.南京：南京大学出版社，2012.

柯文.走过两遍的路——我研究中国历史的旅程.北京：社会科学文献出版社，2022.

伊沛霞.宋徽宗——天下一人.桂林：广西师范大学出版社，2018.

葛兆光.中国思想史（三卷本）.上海：复旦大学出版社，2013.

图书在版编目（CIP）数据

历史的钟摆 / 李菁著. -- 上海：上海译文出版社，2025.7. -- ISBN 978-7-5327-9933-6

Ⅰ.K207

中国国家版本本馆CIP数据核字第20250UL513号

历史的钟摆
李菁 著
选题策划 / 火·與·風　　责任编辑 / 常剑心　　装帧设计 / 众己·设计
上海译文出版社有限公司出版、发行
网址：www.yiwen.com.cn
201101　上海市闵行区号景路159弄B座
山东临沂新华印刷物流集团有限责任公司印刷

开本 890×1240　1/32　印张9.5　插页4　字数167,000
2025年7月第1版　2025年7月第1次印刷
印数：0,001—6,000册

ISBN 978-7-5327-9933-6
定价：68.00元

本书中文简体字专有出版权归本社独家所有，非经本社同意不得转载、摘编或复制
如有质量问题，请与承印厂质量科联系。T：0539-2925659